AF308933

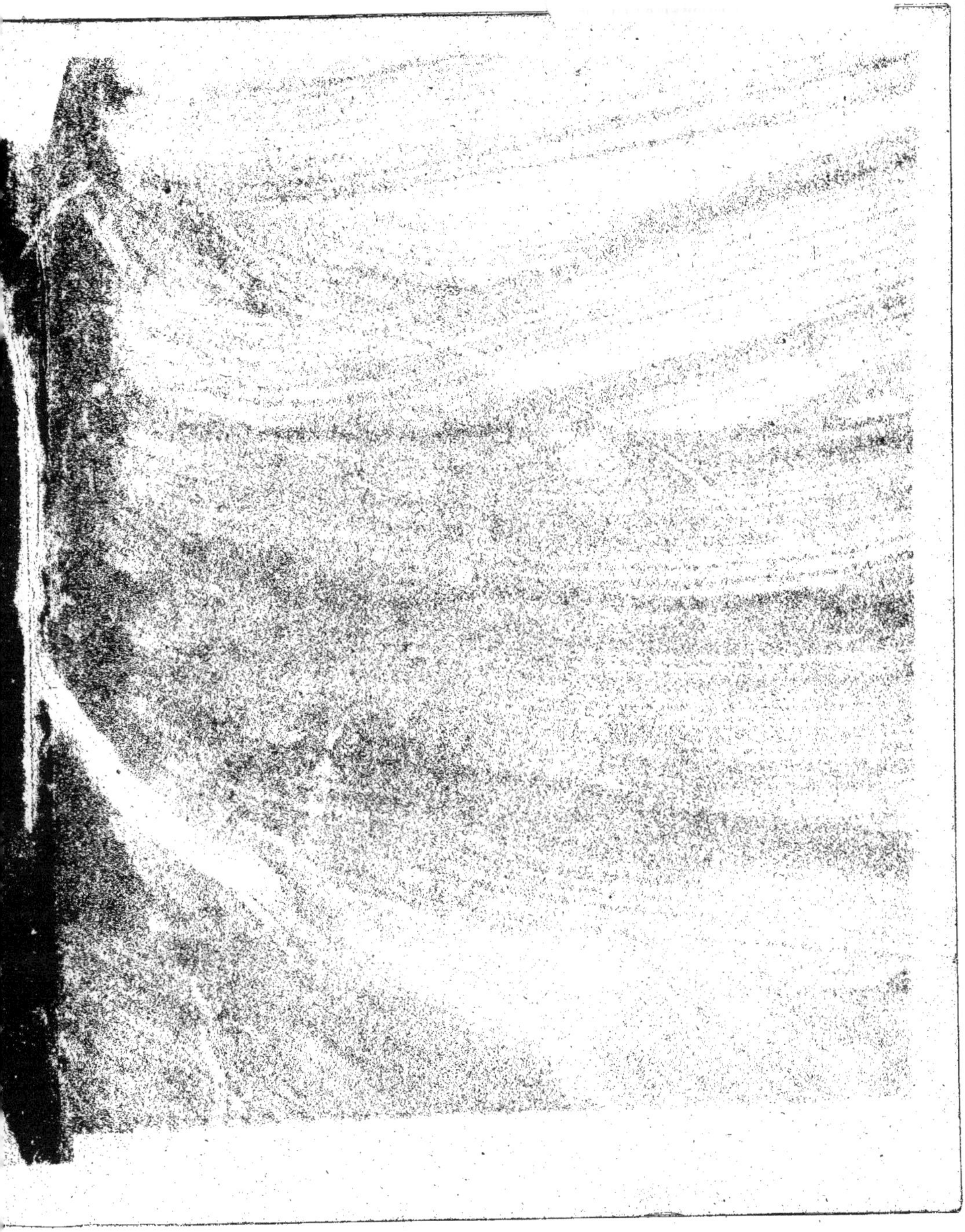

NOUVEL
ATLAS CLASSIQUE

PHYSIQUE, POLITIQUE, HISTORIQUE ET COMMERCIAL

DIVISÉ EN TROIS PARTIES

ENTIÈREMENT CONFORME AUX PROGRAMMES DES BACCALAURÉATS ÈS LETTRES ET ÈS SCIENCES ET A CELUI DES ÉCOLES SECONDAIRES SPÉCIALES

DEUXIÈME PARTIE

RENFERMANT **22** CARTES COLORIÉES, ÉCRITES ET MUETTES, ET EN REGARD DE CHACUNE D'ELLES TOUT CE QUI DOIT ÊTRE APPRIS ET RETENU PAR LES ÉLÈVES

Quatrième Édition
REVUE ET CONSIDÉRABLEMENT AUGMENTÉE

PAR L. VAT

AUTEUR DE L'ATLAS DES COMMENÇANTS, DONT LE PRÉSENT OUVRAGE FAIT LA SUITE NÉCESSAIRE

———————

LES TITRES PLACÉS APRÈS LES NUMÉROS D'ORDRE ET ÉCRITS EN CARACTÈRES DIFFÉRENTS TIENNENT LIEU DE QUESTIONNAIRE

———————

PARIS

A. ALEXANDRE, LIBRAIRE

MAISON GEDALGE JEUNE, 9, RUE MALHER

1865

TABLE

DES CARTES CONTENUES DANS LE NOUVEL ATLAS CLASSIQUE

PREMIÈRE PARTIE

DEUXIÈME PARTIE

TROISIÈME PARTIE

Tout exemplaire non revêtu de la griffe de l'Auteur sera réputé contrefait.

PARIS. — IMPRIMERIE ÉDOUARD BLOT, RUE SAINT-LOUIS, 46.

PRÉFACE

Nous avons voulu, dans cette seconde partie, répondre à la curiosité bien naturelle qu'excitent les événements politiques de notre histoire moderne dans les différentes régions du monde. Il a donc fallu sortir du cercle désormais trop étroit de nos premières éditions, et introduire dans celle-ci, avec le tracé des voyages de nos plus illustres navigateurs, avec les détails que comporte la connaissance approfondie des différentes contrées de l'Europe, une foule de noms moins connus peut-être, mais intéressants néanmoins sous le triple rapport historique, commercial et industriel.

Nous avons cru rester fidèle à nos principes d'enseignement sobre et pratique, en respectant le texte des premières éditions : ce texte est à la portée de la mémoire, et nous avons assez dit que nos chers élèves retiennent mieux ce qu'ils ont appris plusieurs fois. D'ailleurs, on n'y a rien oublié de ce qui pouvait compléter la science nécessaire des parties utiles et même des parties les plus intéressantes. Ainsi la géographie physique contient tous les détails circonstanciés et importants, l'aspect de chaque pays, les climats, les versants, les bassins, etc. Il n'est pas jusqu'aux productions les plus remarquables des trois règnes de la nature, cette partie digne entre toutes d'occuper l'attention de l'étudiant intelligent, que nous n'ayons pris soin d'introduire dans des tableaux heureusement disposés sur les cartes.

Mais à ceux qui s'étonneraient de voir figurer encore dans cette partie l'Europe et la France politiques, nous dirons ce qu'une longue expérience révèle aux professeurs : outre que l'utilité de ces deux cartes dans tout Atlas n'est pas contestable et n'a jamais été contestée, n'est-il pas avantageux, pour ne pas dire de première nécessité, que l'écolier les rencontre au moins deux fois dans le cours d'un ouvrage destiné à l'instruire? Sa mémoire y trouve un profit évident; et, pratiquement, l'usage fréquent du livre, et des cartes surtout, pourrait à la longue et par l'usure les faire disparaître de l'Atlas et en rendre l'usage impossible.

Nous avons, pour répondre au récent programme de Son Excellence le Ministre de l'Instruction publique, introduit dans la France de nombreuses additions, et mis le texte en état de suffire à toutes les questions que peuvent exiger les leçons des écoles spéciales et professionnelles. Par exemple, les notions succinctes, mais complètes, dont on peut voir suivre les différents noms des villes, comprennent largement tout ce qui en révèle l'état et l'importance. En effet, quand, après STRASBOURG, on lit ces mots et ces lignes : *sur l'Ill † A. Vf. et c. (quincaillerie; — faculté de médecine; — fonderie de canons)*, l'instruction est complète, et le professeur sent avec nous à combien de questions et de réponses cette ligne seule peut donner lieu.

Pour nous résumer, disons que cet Atlas, tel qu'il est aujourd'hui, offre toutes les garanties d'un bon ouvrage classique. Cette édition nouvelle est la glorieuse conséquence de nos succès, la preuve de l'influence heureuse qu'exerce sur les contrées du monde les plus éloignées de nous le victorieux drapeau de notre France. Cette édition est une dette que nous payons au passé; mais elle nous impose les devoirs précieux à notre cœur de rendre les éditions successives et nombreuses que le public réclame chaque année, chaque fois plus complètes, chaque fois plus en rapport avec le besoin de notre époque progressive.

L. VAT.

COURS COMPLET DE GÉOGRAPHIE

DEUXIÈME PARTIE

COSMOGRAPHIE

(Voyez *première partie*, page 5.)

N. B. Ce précis ne renferme que ce qui peut être *compris*, *appris* et *retenu* par les élèves. Il va sans dire que les lettres qui renvoient aux figures ne doivent point être apprises par cœur.

1 **Le Soleil** (*fig.* 1) *S* occupe le centre du monde. La science moderne nous apprend que c'est un astre opaque et obscur par lui-même, quatorze cent mille fois (1,407,124) plus gros que la Terre, c'est-à-dire dans le rapport approximatif d'une tête d'homme à une tête d'épingle. Il est entouré d'une atmosphère non lumineuse qu'une seconde atmosphère lumineuse entoure encore : cette seconde atmosphère est, dit-on, la source de la chaleur et de la lumière; elle offre quelques vides à travers lesquels on aperçoit les parties opaques du soleil qui nous paraissent être des taches de cet astre.

(Fig. 1.)

Neptune — Jupiter — Comète — Terre — Mercure — Vénus — Mars — Saturne — Uranus — SYSTÈME DE COPERNIC

2 Cette lumière nous arrive en 8' 13', et la distance du Soleil à la Terre est de trente-quatre millions de lieues (5,109,600 myriamètres). Un boulet de canon, parcourant 400 mètres par seconde, mettrait 12 ans à franchir l'espace qui nous sépare de cet astre. Le Soleil tourne sur lui-même en 25 jours.

3 **Planètes.** — Les planètes, ou corps errants, sont des astres opaques qui ne brillent que parce qu'ils renvoient ou réfléchissent la lumière du soleil. Elles ont toutes deux mouvements, celui de *rotation* autour de leur axe, et celui de *révolution* autour du Soleil. Voici leurs noms d'après l'ordre de leur distance du Soleil (*Le signe qui les accompagne dans la figure est celui par lequel chacune est désignée en astronomie*) : Mercure, Vénus, la Terre, Mars, Jupiter, Saturne, Uranus et Neptune (*figure 1*).

4 Mercure n'est éloigné de nous que de 5,900,000 myriamètres. Vénus ou l'*Étoile du berger* est de toutes les planètes celle qui ressemble le plus à la Terre. La distance de Neptune à la Terre est de 500,000,000 de myriamètres. La découverte récente de cette dernière est due à M. Le Verrier, qui calcula sa position d'après les oscillations d'Uranus.

5 ᵉ Zodiaque. — Le Soleil, en apparence, passe successivement, pendant l'année, dans douze constellations différentes correspondant à nos douze mois; ces constellations s'appellent le *Zodiaque*, d'un mot grec qui signifie *animal*, parce qu'elles portent presque toutes des noms d'animaux. Ce sont, à partir du 21 mars : le Bélier, le Taureau, les Gémeaux, le Cancer, le Lion, la Vierge, la Balance, le Scorpion, le Sagittaire, le Capricorne, le Verseau et les Poissons, et en vers latins :

Sunt Aries, Taurus, Gemini, Cancer , Leo, Virgo,
Libraque, Scorpius, Arcitenens, Caper, Amphora, Pisces.

6 Satellites. — Ce sont de petits astres qui tournent autour des planètes : la Lune L, L' est le satelite de la Terre T, T' *(fig. 2)*. Jupiter en a quatre, Saturne et Uranus huit.

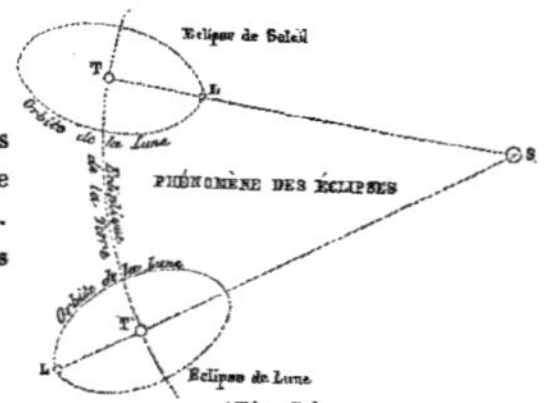

Éclipse de Soleil
PHÉNOMÈNE DES ÉCLIPSES
Éclipse de Lune
(Fig. 2.)

7 Comètes. — Ce sont des planètes qui, en tournant autour du soleil, décrivent des ellipses ou ovales très-allongées; elles ne sont visibles que lorsqu'elles approchent le plus de la Terre, et elles sont souvent accompagnées d'une queue lumineuse *(fig. 3)*.

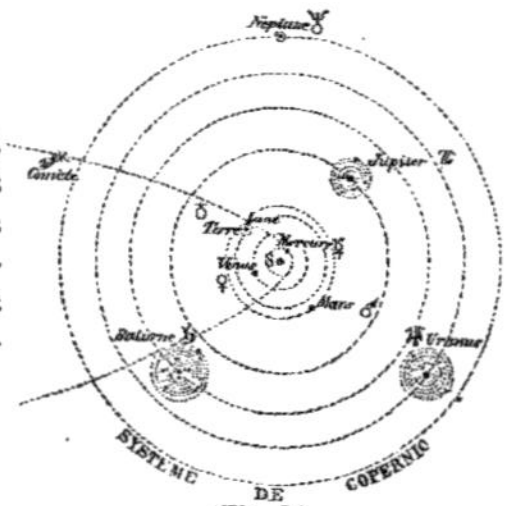

SYSTÈME DE COPERNIC
(Fig. 3.)

8 Étoiles fixes. — Ces étoiles dont on voit, pendant les belles nuits, le ciel tout parsemé, sont des astres lumineux; elles conservent toujours entre elles à peu près la même distance, et elles ont toutes ensemble un mouvement diurne régulier. C'est cette

révolution des étoiles qui constitue le *jour sidéral*, lequel dure quatre minutes moins que le *jour solaire*.

9 Les étoiles les plus rapprochées de nous sont au moins cent mille fois plus éloignées que le soleil, et, d'après la vitesse de la lumière qui parcourt 308,000 kilomètres par seconde, si l'étoile la plus rapprochée de nous s'éteignait aujourd'hui, nous la verrions encore pendant trois années. Leur nombre est infini.

10 Constellations. — On appelle constellations des réunions d'étoiles fixes auxquelles les astronomes ont donné des noms particuliers; telles sont : le Sagittaire, la Vierge, la Grande Ourse, etc.

11 Terre. — La Terre est une planète; elle a la forme d'un globe à peu près sphérique dont la circonférence est de 40,000,000 de mètres.

12 Comme toutes les planètes, la Terre a deux mouvements : 1° un mouvement de rotation : elle tourne en 24 heures sur elle-même d'occident en orient. Ce mouvement s'opère en apparence autour d'un *axe* ou essieu qui semble la traverser du N. au S.; les deux extrémités de cet axe sont nommées *pôles* : l'un de ces pôles, celui de notre hémisphère, est dans la direction de l'étoile fixe appelée *Étoile polaire*. Cette étoile fait partie de la constellation nommée *Petite Ourse*, en grec *arctos*, d'où vient à ce pôle le nom de *Pôle arctique*. L'autre se nomme *Pôle antarctique. La figure ci-contre indique la manière de trouver facilement l'Étoile polaire à l'aide de la Grande Ourse qui est toujours très-apparente.*

Étoile Polaire
Disposition des étoiles formant la Grande Ourse

13 Le mouvement de rotation de la Terre sur elle-même est la cause de l'aplatissement insensible qu'elle a subi vers les deux pôles.

14 2° La Terre opère en même temps une révolution autour du Soleil en 365 jours

5 heures 48′ 51″ (*fig.* 5) et sa distance moyenne de cet astre est de 15,330,000 myriamètres. Dans ce mouvement, elle trace un cercle allongé ou *ellipse*, incliné de 23° 30′ (*fig.* 4) sur son axe ; elle fait sur cette ellipse près de 20 kilomètres par minute ; et l'on appelle *écliptique* le chemin qu'elle parcourt en une année.

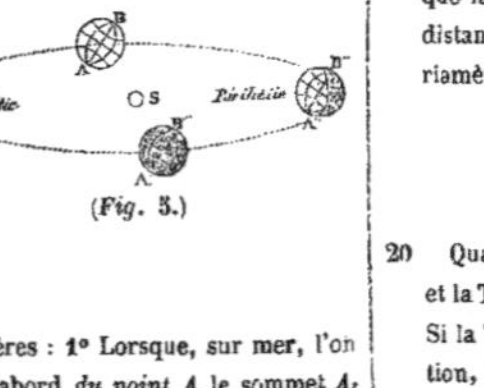
(*Fig. 4.*)

15 Lorqu'au 31 décembre elle se trouve plus rapprochée du soleil, elle est dite à son *périhélie*, tandis qu'au 2 juillet elle est à son *aphélie* (*fig.* 5).

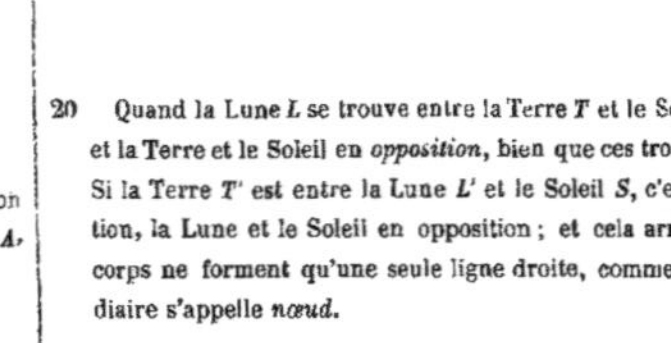
(*Fig. 5.*)

16 **La rondeur de la Terre** se prouve de plusieurs manières : 1° Lorsque, sur mer, l'on s'approche d'une côte bordée de montagnes, on voit d'abord *du point A* le sommet *A,* des montagnes, puis *du point B* le milieu *B′*, puis enfin *du point C* le pied *C′* ; la courbure de la Terre peut seule donner ce résultat (*fig.* 6). 2° Dans les éclipses de Lune, l'ombre de la Terre qui cause cette éclipse a, sur la Terre, une forme arrondie (*fig.* 7). 3° Des voyageurs sont partis vers l'occident, et, allant toujours dans cette direction, ils ont fait le tour de la Terre en revenant par l'orient.

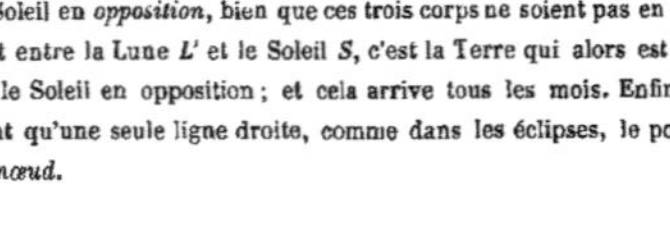
(*Fig. 6.*)

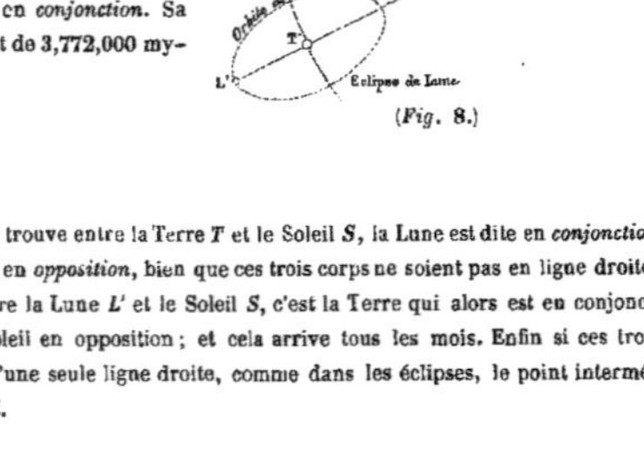
(*Fig. 7.*)

17 Le centre de la Terre a une propriété attractive qui force tous les corps placés à la surface à s'y tenir constamment attachés, comme le fer s'attache à l'aimant. L'effet de cette force d'attraction, qui se nomme *pesanteur* ou *gravité*, fait que les hommes qui habitent, sur la Terre, des lieux qui nous sont diamétralement opposés, se trouvent avoir leurs pieds tournés vers les nôtres.

18 Une couche d'air de 70 à 90 kilomètres, appelée *atmosphère*, enveloppe la Terre dans toute son étendue ; l'arc-en-ciel, la pluie, la neige, les éclairs, etc., ne se manifestent que dans cette atmosphère. Plus on s'approche en ballon des limites de cette atmosphère, plus l'air se raréfie et plus la respiration est difficile.

19 **Lune.** — La Lune (*fig.* 8) *L* est 49 fois plus petite que la terre *T* dont elle est le satellite, et 70,000,000 de fois plus petite que le soleil ; elle tourne autour de notre planète en 27 jours et près de 8 heures. Les 29 jours 12 heures qui constituent le mois lunaire proviennent de ce que la marche de la Terre exige 2 jours et près de 5 heures de plus pour que la lune se trouve en *conjonction*. Sa distance de la Terre est de 3,772,000 myriamètres.

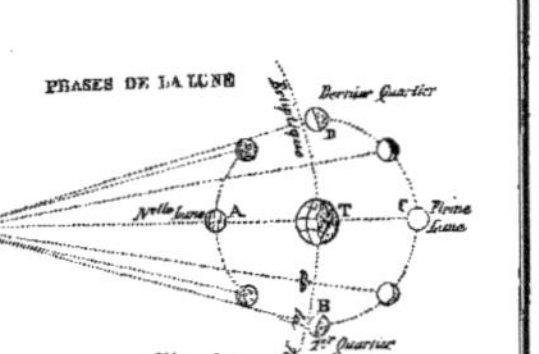

(*Fig. 8.*)

20 Quand la Lune *L* se trouve entre la Terre *T* et le Soleil *S*, la Lune est dite en *conjonction* et la Terre et le Soleil en *opposition*, bien que ces trois corps ne soient pas en ligne droite. Si la Terre *T′* est entre la Lune *L′* et le Soleil *S*, c'est la Terre qui alors est en conjonction, la Lune et le Soleil en opposition ; et cela arrive tous les mois. Enfin si ces trois corps ne forment qu'une seule ligne droite, comme dans les éclipses, le point intermédiaire s'appelle *nœud*.

21 La Lune, comme les planètes, ne brille que par le renvoi ou la réflexion des rayons du Soleil ; nous n'en voyons jamais que la partie éclairée par cet astre. La lumière cendrée, qui complète sa surface circulaire lorsque sa partie éclairée est très-effilée, est produite par les rayons solaires que la Terre lui réflète. Sa distance moyenne de la Terre n'est que de 38,219 myriamètres ; aussi la Terre est-elle beaucoup plus influencée par la Lune que par le Soleil, ce qui explique le *phénomène des marées*.

22 **Phases.** — On nomme *phases* les diverses apparences de la Lune. Lorsque la Lune (*fig.* 9) *A* est entre le Soleil *S* et la terre *T*, c'est-à-dire en *conjonction*, nous ne la voyons pas, parce que l'hémisphère qu'elle nous présente est dans l'ombre : c'est la *nouvelle lune*. La Lune en s'avançant dans son orbite montre progressivement sa partie éclairée ; le septième jour *B*, elle présente à la Terre la moitié de son hémisphère éclairée, et nous

(*Fig. 9.*)

apparaît depuis midi jusqu'à minuit : c'est le *premier quartier*. Le quatorzième jour *C*, la Lune tourne vers la Terre toute sa partie éclairé; on jouit alors le plus longtemps de sa lumière; elle se lève à **6 heures du soir**, et se couche à **6 heures du matin** : c'est la *pleine lune* qu'on appelle aussi *opposition*. A mesure que la Lune s'éloigne de l'opposition, la partie qu'elle montre à la Terre diminue progressivement; le vingt-et-unième jour *D*, on n'en voit plus que le *dernier quartier*, et elle nous apparaît depuis minuit jusqu'à midi. Enfin le vingt-huitième jour *A*, de retour à sa conjonction, elle se perd dans les rayons solaires et redevient nouvelle lune.

23   **Éclipses.** — Il y a *éclipse* d'un astre toutes les fois que cet astre cesse de paraître pour nous à une heure à laquelle il devrait être ordinairement visible.

24   Si la révolution de la Terre (*fig. 10*) *T*, *T'* autour du Soleil *S*, et celle de la Lune *L ou L'* autour de la Terre, ou, en d'autres termes, si les orbites de ces deux corps se trouvaient dans le même plan, il y aurait éclipse tous les mois; mais l'orbite de la Lune, ou le chemin qu'elle parcourt, est inclinée par rapport à l'écliptique qui est la route que parcourt la Terre, et la Lune se trouvant tantôt au-dessus, tantôt au-dessous de la ligne qui joint la Terre *T* au Soleil *S*, les rayons de cet astre ne sont point interceptés : la rencontre de ces trois corps en une seule ligne est, pour cette raison, assez rare.

25   Il n'y a donc *éclipse de soleil* que lorsque la Lune *L* passe exactement entre la Terre *T* et le Soleil *S*; il y a *éclipse de lune*, quand la Terre *T'* se trouve entre le Soleil *S* et ce satellite *L'*, de manière à ne former qu'une seule ligne droite : c'est alors que le corps intermédiaire *L ou T'* forme un nœud. (*Fig. 10*).

26   On dit les éclipses *totales* lorsque le corps éclipsé disparaît entièrement; elles sont *partielles* lorsqu'il ne disparaît qu'en partie, et *annulaires* lorsque le corps éclipsé déborde le corps qui cause l'éclipse et fait voir un cercle ou anneau lumineux. Ces différents phénomènes sont dus, soit au nœud qui n'est pas complet, soit à la distance plus ou moins éloignée de la Terre au Soleil.

27   **Saisons.** — Le retour périodique des *saisons* est produit par le mouvement de révolution de la Terre autour du Soleil. L'axe de la Terre (*fig. 11*) *B A* étant incliné de **23° 30'** sur l'écliptique, notre planète, dans sa révolution annuelle, présente alternativement ses deux pôles au Soleil. Au 21 juin, le pôle nord *B'* est penché vers le Soleil *S*; c'est alors *l'été* pour l'hémisphère boréale qui est la nôtre, les jours sont plus longs que les nuits, et les rayons du Soleil tombent plus verticalement sur cette partie de notre globe; on dit alors que la Terre est au *solstice* (1) *d'été*; les habitants de l'hémisphère australe *A'* sont au contraire en hiver. Le jour du solstice d'été, le Soleil décrit sur la Terre le tropique du Cancer.

28   Le 22 décembre, la Terre présente au Soleil le pôle sud *A'*. C'est à cette époque *l'hiver* pour l'hémisphère boréale *B'*, et l'été pour l'hémisphère australe *A'*; ce jour même qui est le *solstice d'hiver*, les rayons du Soleil tracent sur la Terre le *tropique du Capricorne*. Le froid que nous éprouvons est dû à l'obliquité des rayons du soleil sur cette partie de notre globe.

29   Dans l'intervalle de ces deux périodes, le **21** mars, qui est le premier jour du *printemps*. et le **22** septembre, qui est le premier jour de *l'automne*, la Terre ne présente aucun de ses pôles au Soleil *S* (*fig. 11*), dont les rayons tracent sur la Terre le grand cercle nommé *équateur*; tout une moitié du globe depuis un pôle jusqu'à l'autre est dans la lumière, et l'autre moitié en est privée, et les jours sont alors égaux aux nuits.

(1) *Solstice, du latin* sol stat (*le soleil s'arrête*), *parce que le soleil semble en ce jour s'arrêter pour se rapprocher de l'équateur.*

30 Cette obliquité *B A* (*fig.* 12) de l'axe de la Terre sur l'écliptique fait aussi que chaque pôle a 6 mois de jour et 6 mois de nuit, et que sur l'équateur les jours sont égaux aux nuits pendant toute l'année, ce qui fait aussi donner à cette ligne le nom de *ligne équinoxiale.*

(Fig. 12.)

31 **Théorie des jours et des nuits.** — Le mouvement de rotation de la Terre autour de son axe produit les alternatives du jour et de la nuit.

32 Ce mouvement se fait d'occident en orient, bien que nous ne le sentions en aucune manière, et que les astres semblent tourner au contraire d'orient en occident. Ce phénomène s'explique par plusieurs exemples : ainsi, lorsque vous êtes dans une voiture, en bateau, dans un wagon en mouvement, fixez attentivement votre vue vers le bord ou vers la portière, il vous semblera voir les arbres, les maisons, s'enfuir rapidement, et vous-même rester en place ; et, de plus, ces arbres, ces maisons, paraîtront prendre une direction contraire à celle que vous suivez réellement.

33 Dans l'espace de 24 heures (jour naturel), chacun des pays situés sur la moitié de notre globe se présente tour à tour au Soleil ; et tout le temps que cet astre lui apparaît forme le jour artificiel. La *nuit* est le temps où nous sommes privés de sa lumière. Le *matin* ou *lever* est le moment où il commence à se montrer, et lorsque nous le voyons disparaître, c'est le *soir* ou *coucher.*

34 **Sphère céleste.** — On suppose dans le ciel des *parallèles* et des *méridiens* correspondant à ceux de la terre. Les peuples qui sont à l'équateur terrestre (*fig.* 13) *E* voient passer à leur zénith *E'* les étoiles de l'équateur céleste. Pour eux, les pôles *P P'* du globe céleste sont à l'horizon, et toutes les étoiles décrivent dans le ciel un demi-cercle perpendiculaire à l'horizon ; on dit, pour cela, que ces peuples ont la *sphère droite.* (Sur quelque partie du globe qu'on se trouve on peut toujours voir la moitié de la sphère céleste.)

(Fig. 13.)

35 Au pôle (*fig.* 14) *P*, toutes les étoiles semblent décrire autour du pôle céleste un cercle parallèle à l'horizon ; alors on dit que la *sphère* est *parallèle.* L'étoile polaire *P'* paraît au zénith, les étoiles de l'équateur *E E'* sont à l'horizon, les étoiles de l'hémisphère où se trouve l'observateur ne disparaissent jamais, et toutes celles de l'hémisphère opposé sont constamment invisibles.

(Fig. 14)

36 Entre l'équateur (*fig.* 15) *E* et le pôle *P* les astres semblent décrire des cercles d'autant plus inclinés vers l'horizon que l'on s'approche davantage du pôle ; la *sphère* est alors *oblique.* L'étoile polaire *P'* est toujours au-dessus de l'horizon, ainsi que toutes les étoiles qui l'entourent, jusqu'à un nombre de degrés égal à celui de la latitude où l'on se trouve ; mais toutes les étoiles voisines du pôle opposé, et dans un pareil espace du ciel, sont toujours invisibles. Ainsi, à Paris, nous voyons constamment au-dessus de l'horizon toutes les étoiles qui sont à moins de 49° du pôle nord, et nous n'apercevons jamais celles qui sont à moins de 49° du pôle sud.

(Fig. 15.)

PRINCIPAUX VOYAGES AUTOUR DU MONDE

1 En **1492**, Christophe Colomb, né à Gênes selon l'opinion générale, et en Corse d'après quelques savants modernes, obtient de Ferdinand et d'Isabelle trois navires, avec lesquels il part de Palos, et découvre, au bout de trois mois, San-Salvador, Cuba et Haïti (*Grandes Antilles*);

En **1493**, les Petites Antilles et la Jamaïque;

En **1498**, la Trinité et les bouches de l'Orénoque (*Colombie*) ;

En **1502**, les côtes de Mosquitos (*Guatemala*).

Ferdinand le Catholique le laissa mourir à Séville (**1506**) dans le dénûment et le chagrin.

2 En **1497**, le Portugais Vasco de Gama double le cap de Bonne-Espérance.

En **1498**, il découvre la Terre-Natale et les côtes de Malabar (*Côtes occidentales de l'Indoustan*).

En **1502**, il fait un nouveau voyage aux Indes, où il établit l'influence du Portugal. Il mourut à Cochin en **1525**.

3 En **1520**, Magellan, Portugais au service de l'Espagne, découvre, au sud de l'Amérique, le détroit qui porte son nom.

En **1521**, il va jusqu'aux îles Mariannes (*Micronésie*) et aux Philippines (*Malaisie*), où il trouve la mort dans l'île de Zébu, une des Philippines. Un de ses marins, Sébastien del Cano, ramena ses vaisseaux par le cap de Bonne-Espérance.

4 En **1768**, l'Anglais Cook double le cap Horn, parcourt l'archipel Pomotou et découvre les îles de la Société; il emploie six mois à faire le tour de la Zélande et reconnaît le détroit qui porte son nom (*Polynésie*).

En **1770**, il découvre la Nouvelle-Galles du Sud (*Mélanésie*), traverse le détroit de Torrès, parcourt le sud de la Nouvelle-Guinée et revient en Europe par le cap de Bonne-Espérance.

Dans un nouveau voyage, il explora, pendant trois ans, les régions antarctiques jusqu'au delà du 70° de latitude sud, et ne rencontra que des glaces.

En **1774**, il visita une seconde fois la Nouvelle-Calédonie, les îles Nouka-Hiva, (archipel des Marquises), les îles Tonga et les îles Sandwich (**1778**).

La même année, il fit un troisième voyage pour trouver un passage au nord de l'Amérique, fit de nouvelles découvertes aux îles de Hawaï et Sandwich, et examina avec soin la presqu'île d'Alaska. Il compléta ensuite l'exploration des îles Hawaï et fut tué par les naturels d'Owhihée.

5 Chargé en **1785** d'un voyage autour du monde, le Français La Pérouse, atteignit, l'année suivante, la pointe Mulgrave (*Amérique russe*), explora les côtes de Tarrakaï (**1787**), et se rendit par le détroit qui porte son nom dans le port de Petropaulovsk, au Kamtchatka; il fit ensuite route vers le sud en passant par les îles des Navigateurs, arriva à Botany-Bey en **1788**, et alla mourir à Vanikoro (*Mélanésie*).

6 En **1826**, le Français Dumont-d'Urville fut chargé d'explorer la Nouvelle-Zélande et la Nouvelle-Guinée, et compléta alors l'étude des îles Viti.

En **1837** il partit pour de nouveaux voyages dans les mers voisines du pôle Austral, découvrit la Terre de Louis-Philippe, la Terre d'Adélie, etc., et éleva un monument funéraire à La Pérouse dans l'île de Vanikoro, où il trouva quelques débris de l'*Astrolabe*, qu'avait monté cet illustre navigateur.

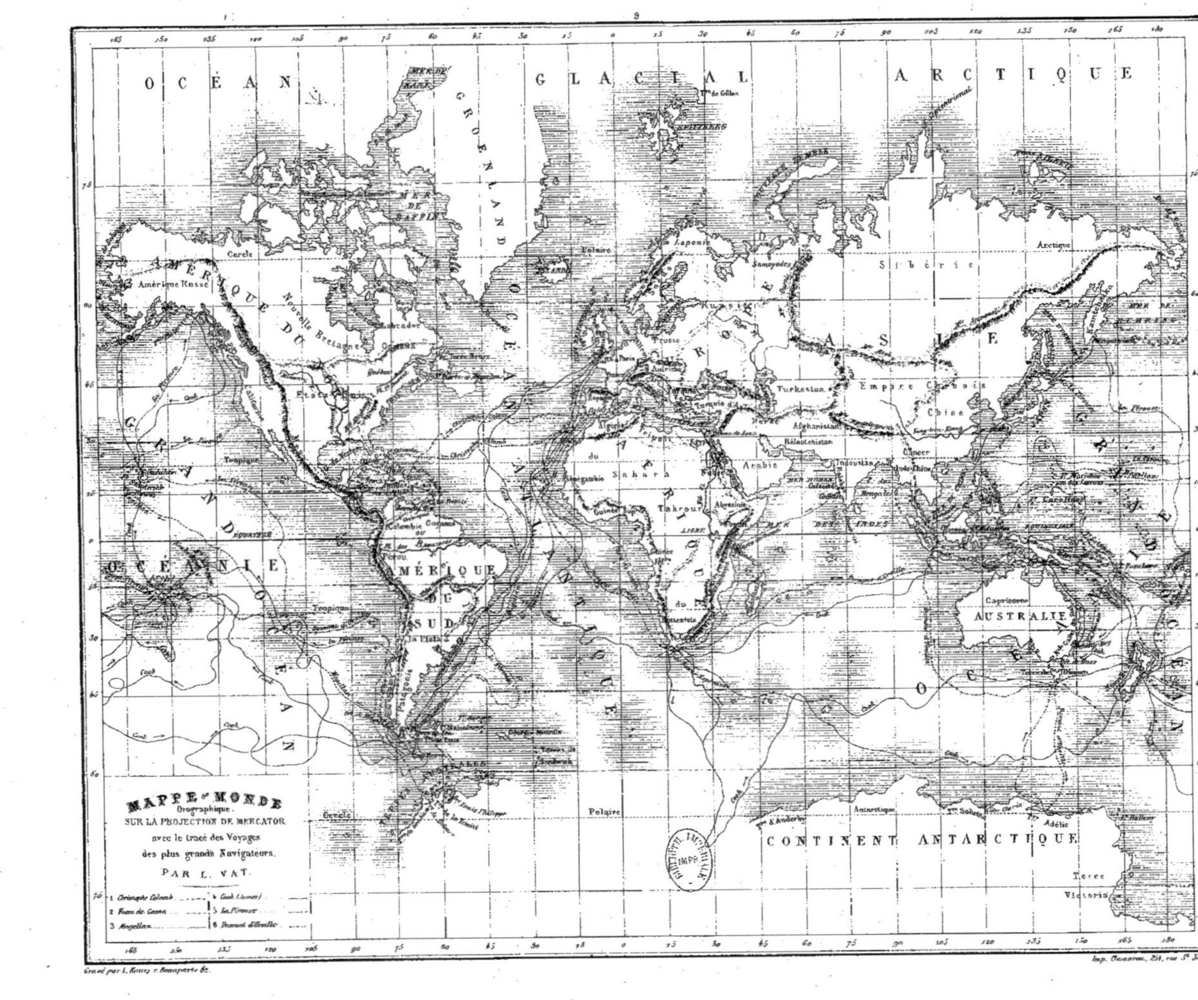

OCÉAN GLACIAL ARCTIQUE
GROENLAND
MER DE BAFFIN
SIBÉRIE
ASIE
AFRIQUE
AMÉRIQUE DU NORD
AMÉRIQUE DU SUD
OCÉANIE
AUSTRALIE
GRAND OCÉAN
OCÉAN ATLANTIQUE
CONTINENT ANTARCTIQUE
Empire Chinois
Chine
Turkestan
Afghanistan
Béloutchistan
Indoustan
Indo-Chine
Arabie
Sahara
Sénégambie
Sibérie
Amérique Russe
Nouvelle Bretagne
Labrador
Colombie
Pérou
la Plata
Patagonie
Japonie
Samoyèdes
Spitzberg
Islande
Cercle Polaire
Cancer
Capricorne
Équateur
Tropique Occidental
Terre Victoria
Terre Adélie
MAPPE MONDE
Orographique.
SUR LA PROJECTION DE MERCATOR
avec le tracé des Voyages
des plus grands Navigateurs.
PAR L. VAT.
1. Christophe Colomb
2. Vasco de Gama
3. Magellan
4. Cook (Jamès)
5. La Pérouse
6. Dumont d'Urville
Gravé par L. Kniery r. Bonaparte 62.
Imp. Chaveron, 254, rue S.t Jacques.

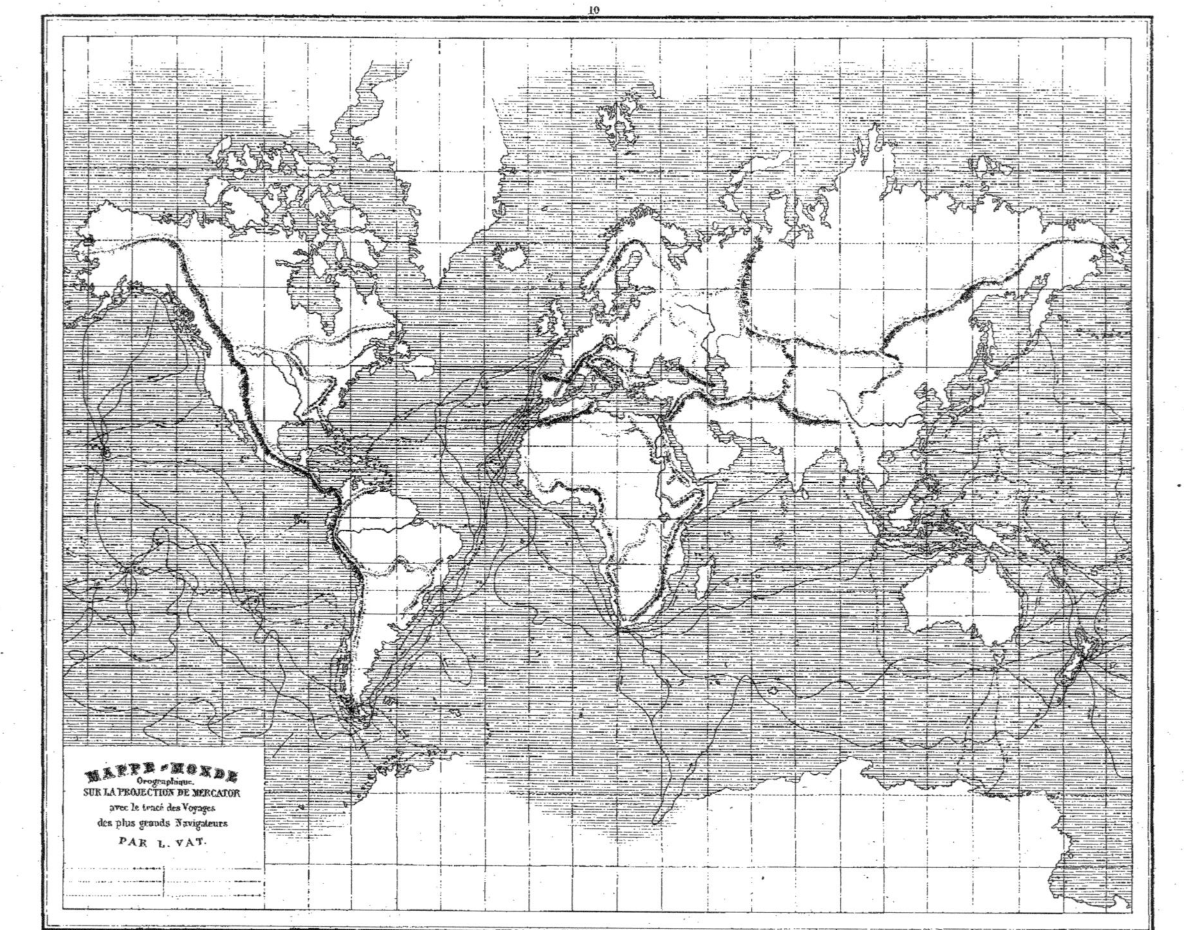

MAPPE-MONDE
Orographique.
SUR LA PROJECTION DE MERCATOR
avec le tracé des Voyages
des plus grands Navigateurs
PAR L. VAT.

EUROPE POLITIQUE

PARTIE POLITIQUE

1. L'Europe est la plus petite, mais la plus importante des cinq parties du monde. Sa population est de 277,000,000 d'habitants.

2. Voici les diverses races qui l'occupent : Au N., la race mongolique, tartare ou jaune ; le reste est occupé par la race caucasique ou blanche.

3. **Religions.** — Le christianisme, qui comprend le catholicisme, le protestantisme et la religion grecque ou d'Orient, règne dans presque tous les États de l'Europe ; le mahométisme en Turquie, et le judaïsme presque partout, mais avec un fort petit nombre de sectateurs.

4. **Limites.** — Au N. l'océan Glacial Arctique ; — à l'O. l'océan Atlantique, — au Sud le détroit de Gibraltar, la Méditerranée, l'Archipel, la mer de Marmara, la mer Noire et la chaîne du mont Caucase ; — à l'E. la mer Caspienne, le fleuve Oural, les monts Ourals ou Poyas et le fleuve Kara.

5. L'EUROPE SE COMPOSE DE 16 ÉTATS PRINCIPAUX.

4 AU NORD.

6. 1° La **MONARCHIE SCANDINAVE**, qui se compose de la NORWÉGE, *cap. Christiania,* Drontheim, Bergen et Christiansand ; de la SUÈDE, *cap.* STOCKHOLM ; Upsal, Gothbourg, Calmar et Carlscrone.

7. 2° Les **ILES BRITANNIQUES** ou Royaume-Uni, formé de l'IRLANDE, *cap. Dublin ;* Londonderry, Galway et Cork ; de l'ÉCOSSE, *cap. Édimbourg ;* Inverness, Aberdeen, Dundee, Leith et Glascow ; et de l'ANGLETERRE, *cap.* LONDRES *sur la Tamise ;* Newcastle, York, Liverpool, Hull, Manchester, Birmingham ; Flint et Pembrok, dans le pays de Galles ; Bristol, Plymouth, Southampton, Portsmouth et Douvres.

8. 3° Le **DANEMARK**, *cap.* COPENHAGUE, dans l'île de Seeland ; Elseneur, Viborg, Kiel et Altona, avec l'ISLANDE, *cap.* Reykiavick.

9. 4° La **RUSSIE**, *cap.* SAINT-PÉTERSBOURG *sur la Néva ;* Uléaborg au S. de la LAPONIE, Archangel ; Wasa dans la FINLANDE, Abo, Helsingfors, Sveaborg, Viborg, Cronstadt, Revel, Vologda, Novgorod, Riga, Tver, Moscou, Vilna dans la LITHUANIE, Varsovie *sur la Vistule* en POLOGNE, Pultava, les COSAQUES DU DON, Nicolaev, Odessa, Astrakan ; et en CRIMÉE, Eupatoris, Sébastopol et Balaclava ; enfin Tiflis, Érivan et Bakou dans la GÉORGIE ou RUSSIE TRANSCAUCASIQUE.

7 AU MILIEU.

10.

11. 1° La **HOLLANDE**, *cap.* LA HAYE ; Amsterdam.

12. 2° La **BELGIQUE**, *cap.* BRUXELLES ; Ostende.

13. 3° L'**ALLEMAGNE INTÉRIEURE**, Hambourg et Brême, villes libres ; Hanovre, dans le roy. de ce nom ; Cassel *sur le Wéser,* dans la Hesse électorale ; Dresde *sur l'Elbe,* dans le royaume de Saxe ; Francfort, ville libre ; Carlsruhe, dans le duché de Bade ; Stuttgard, dans le royaume de Wurtemberg, et Munich, dans le roy. de Bavière.

14. 4° La **PRUSSE**, *cap.* BERLIN ; Aix-la-Chapelle et Trèves, dans la Prusse Rhénane ; Stralsund, Stettin et Breslau (ces 6 villes font partie de la CONFÉDÉRATION GERMANIQUE), enfin Dantzig *sur la Vistule.*

15. 5° La **FRANCE**, *cap.* PARIS *sur la Seine ; villes principales :* Calais, Lille, Boulogne, Dieppe, Le Havre, Rouen, Metz, Strasbourg, Troyes et Mulhouse ; Cherbourg, Brest, Rennes, Lorient, Versailles, Orléans, Dijon, Lyon et Chambéry ; Tours, Nantes, La Rochelle, Rochefort, Bordeaux, Bayonne, Toulouse, Marseille, Toulon et Nice.

16. 6° La **SUISSE**, *cap.* BERNE.

17. 7° L'**AUTRICHE**, *cap.* VIENNE *sur le Danube,* et dans l'Autriche propre : Prague, en Bohême ; Brunn, en Moravie ; Inspruck, dans le Tyrol ; Trieste, dans l'Illyrie (ces pays font partie de la CONFÉDÉRATION GERMANIQUE) ; Bude ou Ofen, et Pesth, en Hongrie, Hermanstadt, dans la Transylvanie ; Zara et Raguse, dans la Dalmatie.

5 AU SUD.

18.

19. 1° Le **PORTUGAL**, *cap.* LISBONNE *sur le Tage ;* Porto et Évora.

20. 2° L'**ESPAGNE**, *cap.* MADRID ; Saint-Sébastien, dans le pays des Basques, le Ferrol, la Corogne, en Galicie ; Oviédo, dans les Asturies ; Pampelune, en Navarre ; Barcelone, en Catalogne ; Valence, Alicante, Murcie, Carthagène, Séville, Malaga et Cadix ; enfin Gibraltar, *aux Anglais.*

21. 3° Le **ROYAUME D'ITALIE**, TURIN *sur le Pô, capit. ;* Milan, Gênes, Florence, Ancône, *dans l'Italie septentrionale ;* (Civita-Vecchia, ROME *sur le Tibre,* dans les ÉTATS DE L'ÉGLISE) ; NAPLES et Tarente, *dans l'Italie méridionale ;* Palerme, Messine, Catane et Syracuse, *en Sicile ;* Cagliari, *dans l'île de Sardaigne.* Au N.-E. la VÉNÉTIE : Mantoue, Venise, *cap.,* à l'Autriche.

22. 4° La **TURQUIE**, *cap.* CONSTANTINOPLE, *sur le détroit de ce nom ;* Silistrie et Varna ; Bosna-Seraï et l'Herzégovine, dans la Bosnie ; la Rép. de Montenegro ; Andrinople et Gallipoli ; Salonique et Janina.

23. Au nord, sont les *Principautés Slaves* ou *Danubiennes,* tributaires de la Turquie, Jassi en Moldavie, Boukarest en Valachie ; Belgrade et Semendria *sur le Danube,* en Servie.

24. 5° La **GRÈCE**, *cap.* ATHÈNES, Patras, Tripolitza et Nauplie, en Morée, et les Iles Ioniennes.

25. **Iles.** — I. Magroé, I° Tromsoé, I° Lofoden, I. Oland et I. Gotland, à la Suède ;

I. Waïgatch, I. Abo, Iᵉ Aland, I. Dago et I. OEsel, à la Russie ; I. Helgoland (à l'embouchure de l'Elbe) ; Iᵉ Shetland, Iᵉ Orcades, Iᵉ Hébrides, I. de Man, I. d'Anglesey, Iᵉ Sorlingues, dans l'Atlantique, I. de Wight, Iᵉ Anglaises (Aurigny, Guernesey, Jersey), dans la Manche, I. de Malte avec La Valette, dans la Méditerranée, aux Anglais.

26 Iᵉ Fœroë, I. de Fionie, I. de Séeland, aux Danois ; I. Texel et Zélande, à la Hollande ; I. Rugen, à la Prusse ; Belle-Isle, I. de Noirmoutier, I. d'Oléron, I. de Corse avec Bastia et Ajaccio, à la France ; Iᵉ Baléares ; Ivice, Majorque avec Palma, Minorque avec Port-Mahon, à l'Espagne.

27 I. d'Elbe, I. de Sardaigne, Iᵉ Lipari, Iᵉ Egades, I. de Sicile, I. Pantellaria, I. Linosa et I. Lampedouze, au roy. d'Italie ; Iᵉ Ioniennes : Corfou, Céphalonie, Zante et Cérigo; les Cyclades, Négrepont et les Sporades, à la Grèce ; I. de Candie, à la Turquie.

28 GRANDS PORTS DE L'EUROPE hors du Continent : Cronstadt, Elseneur, Copenhague ; Liverpool, Bristol, Plymouth, Southampton, Douvres, Londres, Newcastle, Leith ; Palma, Port-Mahon, Bastia, Ajaccio, Cagliari, Messine, Palerme, La Valette, Corfou et Syra.

29 Autour du Continent : Bergen, Christiania, Calmar, Stockholm, Helsingfors, Saint-Pétershourg, Revel, Riga, Dantzig, Stettin, Stralsund, Kiel, Altona, Hambourg, Brême, Ostende, Calais, Boulogne, Dieppe, Le Havre, Cherbourg, Brest, Lorient, La Rochelle Rochefort, Bordeaux, Bayonne.

30 Saint-Sébastien, le Ferrol, la Corogne, Porto, Lisbonne, Cadix, Gibraltar, Carthagène, Barcelone, Agde, Cette, Marseille, Toulon, Nice, Gênes, Civita-Vecchia, Naples, Ancône, Venise, Trieste, Raguse, Patras, Le Pirée (Athènes), Gallipoli, Constantinople, Varna, Odessa et Nicolaev.

GRANDES LIGNES DES CHEMINS DE FER DE L'EUROPE.

31 (OUEST, NORMANDIE.) De PARIS au HAVRE et à Dieppe par Rouen. — De PARIS à CHERBOURG.

32 (OUEST, BRETAGNE.) De PARIS à BREST par Rennes.

33 (ORLÉANS.) De PARIS à NANTES et SAINT-NAZAIRE par Orléans et Tours ; à La Rochelle et à Rochefort ; à BORDEAUX et à Bayonne. (De Bayonne part la ligne de MADRID jusqu'à Valence et Alicante). De BORDEAUX à la MÉDITERRANÉE par Toulouse, Cette et MARSEILLE (De cette branche se détachera une autre ligne pour Barcelone et MADRID.)

34 (BOURBONNAIS.) De PARIS à LYON par Nevers.

35 (LYON.) De PARIS à MARSEILLE par Dijon et LYON. — De LYON à VIENNE et Bude (Autriche) par TURIN, VENISE et Trieste, avec embranchement sur Gênes. — De LYON à Bâle par GENÈVE.

36 (MULHOUSE.) De PARIS à MULHOUSE par Troyes.

37 (EST.) De PARIS à STRASBOURG, à Bâle, à Stuttgard et à Munich.—Embranchement sur Metz, FRANCFORT, Cassel, Dresde, VIENNE, VARSOVIE, Vilna, SAINT-PÉTERSBOURG et MOSCOU. — Embranchement de Dresde à BERLIN.

38 (NORD.) De PARIS à Lille, BRUXELLES, LA HAYE et Amsterdam. — Embranchement sur Boulogne et Calais. — De BRUXELLES à Hanovre, Hambourg et Kiel. — De Cassel à BERLIN, Stettin, Dantzig, Vilna et SAINT-PÉTERSBOURG.

39 (ANGLETERRE.) De LONDRES à Liverpool par Birmingham et Manchester.

40 De LONDRES à Pembrok, à Bristol et à Plymouth. — De LONDRES à Southampton, à Portsmouth et à Douvres.

41 De LONDRES à Hull, York, Newcastle, ÉDIMBOURG, Aberdeen et Inverness.

N. B. Quelques lignes ne sont encore qu'en cours d'exécution.

PARTIE PHYSIQUE.

Aspect général. — Climat. — *L'Europe est coupée par de grands golfes, et de nombreuses mers intérieures facilitent le commerce entre les différentes nations qui la composent. Les péninsules, les plus remarquables sont : la presqu'île Scandinave, entre la mer Baltique et la mer Glaciole ; la presqu'île Danoise, entre la mer du Nord et la Baltique ; la presqu'île de Bretagne entre la Manche et le golfe de Gascogne ; la péninsule Hispanique, entre l'Océan et la Méditerranée ; la presqu'île Italique, entre la mer Tyrrhénienne et la mer Adriatique ; la péninsule Hellénique, entre la mer Ionienne et l'Archipel ; et la presqu'île de Crimée, entre la mer Noire et la mer d'Azof.*
Depuis le 51° parallèle et le méridien de Paris jusqu'à la mer Caspienne, l'Europe présente au N. et à l'E. une plaine immense, et les efforts de l'homme défendent avec peine, contre l'invasion de la mer, cette lisière de terres basses qui s'étendent de Dunkerque à l'embouchure du Niémen. Quelques vallées ont une grande largeur, entre autres celle du Danube en Hongrie, en Valachie et en Bulgarie, la vallée du Pô dont la culture est si riche, la vallée du Rhin entre Bâle et Mayence. Grâce à son voisinage des mers et à la distribution de ses montagnes, le climat est plus tempéré et le territoire plus généralement fertile que ceux de l'Asie et de l'Amérique sous la même latitude.

42 **Superficie.** — 10,000,000 de kilomètres carrés.

43 **Mers.** — Océan Glacial Arctique, mer Blanche ; océan Atlantique, mer du Nord, mer Baltique ; mer Méditerranée, mer Adriatique, mer de Marmara, mer Noire, mer d'Azof ; mer Caspienne.

44 **Détroits.** — Pas-de-Calais, la Manche, détr. de Gibraltar, détr. de Constantinople.

45 **Golfes.** — G. de Botnie, G. de Finlande, G. de Bristol, G. de Gascogne.

46 **Fleuves.** — *Versant du Nord et de l'Ouest :* la Dvina du Nord, le Tornéa, la Néva, la Dvina de l'Ouest et le Niémen, *en Russie ;* la Vistule, l'Oder et l'Elbe, *en Prusse ;* le Rhin, la Seine, la Loire, la Garonne et le Rhône, *en France ;* le Minho (Minio), le Douro, le Tage, la Guadiana et le Guadalquivir, *en Espagne.*

47 *Versant du Sud et de l'Est :* l'Èbre, encore *en Espagne ;* le Tibre et le Pô, *en Italie ;* la Maritza, *en Turquie ;* le Danube, *en Autriche ;* le Dniester, le Dniéper, le Don qui

traverse le pays des Cosaques, le Volga et l'Oural, *dans la Russie méridionale.* La Tamise coule *en Angleterre,* et le Shannon *en Irlande.*

48 **Lacs.** — Wener et Wetter, *en Suède ;* Onéga, Ladoga et Peypous, *en Russie ;* de Genève, *en Suisse ;* Balaton, *en Autriche.*

49 **Caps.** — C. Nord, C. Cléar, C. Lizard, C. Finisterre, C. Matapan.

50 **Montagnes.** — Dans la grande ligne de partage des eaux se trouvent l'Oural septentrional, au *N.-E. de la Russie ;* les Carpathes du nord, *en Autriche,* et les Pyrénées, *en France.* Les Alpes se lient aux Apennins, *en Italie,* et par leur ramification aux Balkans, *en Turquie.*

51 *Entre la Norvége et la Suède* sont les monts Dophrines ; et *au sud de la Russie* le mont Caucase qui se rattache à l'arête S.-O. du plateau central de l'Asie.

52 **Volcans.** — Mont Hécla, *en Islande ;* mont Vésuve, *en Italie près de Naples ;* mont Etna, *en Sicile.*

N. B. Pour plus de détails, voyez la deuxième Partie : Europe physique, par versants.

13

MATIÈRES D'IMPORTATION
En Angleterre. Beurre, Bois de charpente, Cacao, Café, Céréales, Chanvre brut, Cochenille, Coton, Eaux-de-vie, Épicerie, Fruits, Indigo, Laine, Oeufs, Peaux, Soie brute, Tabac, Thé et Vins.
En Russie. Fruits, Indigo, Plomb, Soie et Vins.
En France. Argent, Bois de teinture, Cacao, Café, Cannelle à sucre, Coton, Épicerie, Fourrures, Indigo, Mercure, Or, Beurre, Riz et Thé.
En Allemagne. Cacao, Café, Cire, Cuivre, Épicerie, Sel, Sucre et Vins.
MATIÈRES D'EXPORTATION
d'Angleterre: Alun, Bière, Cuivre, Étain, Fer, Houille et les divers produits de ses Manufactures.
de Russie. Blé, Bois, Chanvre, Duvet, Fourrures, Platine, Potasse.
de France. Articles d'ébénisterie, de Modes etc. Céréales, Coton fabriqué, Fer fabriqué, Fruits, Oeufs, Or fabriqué, Vins et Volaille.
d'Allemagne. Bois de construction, Céréales, Cire, Étain, Fer, Laine, Mercure, Plomb et Vitriol.

OCÉAN GLACIAL ARCTIQUE
OCÉAN ATLANTIQUE
ISLANDE
NORVÈGE
SUÈDE
LAPONIE
FINLANDE
DANEMARK
PRUSSE
RUSSIE
LITHUANIE
POLOGNE
ÎLES BRITANNIQUES
IRLANDE
ANGLETERRE
MER DU NORD
CONFÉDÉRATION
BELGIQUE
FRANCE
SUISSE
AUTRICHE
Hongrie
ITALIE
PORTUGAL
ESPAGNE
LES PRINCIPAUTÉS
Valachie
Bulgarie
Montenegro
TURQUIE
EMPIRE OTTOMAN
MER NOIRE
MER CASPIENNE
CRIMÉE
GÉORGIE
Russie du Caucase
Turkestan
Sibérie
AFRIQUE
ALGÉRIE
Constantine
Turquie d'Asie
MER MÉDITERRANÉE
MER ADRIATIQUE
Moscou
Pétersbourg
Stockholm
Berlin
Madrid
Lisbonne
Constantinople

ÉCHELLES.
Lieues de 25 au degré
25   50   75   100   125   150
Myriamètres
10   20   30   40   50   60   70   80

EUROPE
POLITIQUE
et Commerciale
PAR L. VAT.

Gravé par Kautz, 82, rue Bonaparte, Paris.
Imp. Annason, 254, rue St Jacques.

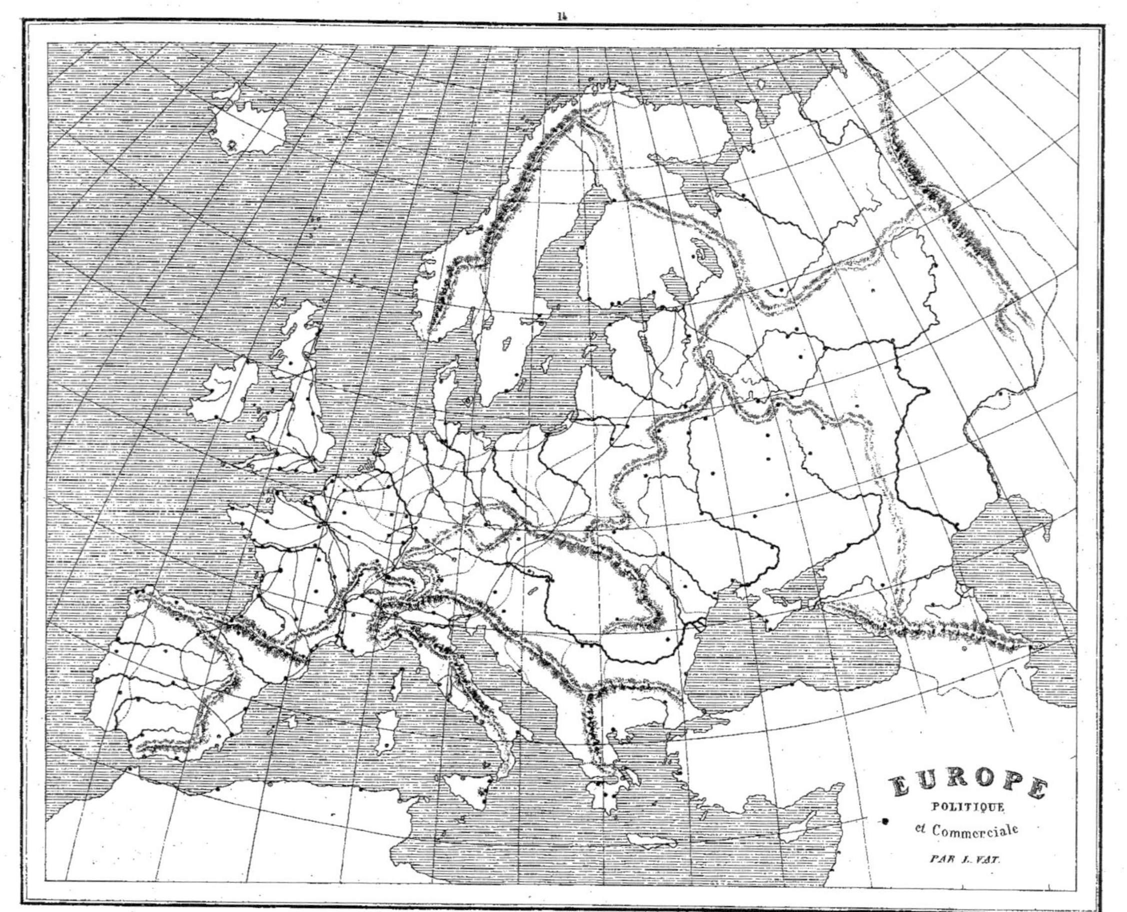

14
EUROPE
POLITIQUE
et Commerciale
PAR J. VAT.

EUROPE PHYSIQUE

PARTIE PHYSIQUE

Aspect général. — Climat. — *Excepté une faible portion de sa surface, qui s'étend au delà du cercle polaire arctique, l'Europe est entièrement située dans la zone tempérée septentrionale, et occupe la partie nord-ouest de l'ancien continent, auquel elle se rattache seulement à l'est. Partout ailleurs, c'est la vaste étendue des mers qui forme ses limites; au nord, les flots de l'océan Glacial Arctique viennent battre ses côtes et se mêler à ceux de l'océan Atlantique, qui expirent le long de ses côtes occidentales. Au sud, les eaux de la Méditerranée la séparent et de l'Afrique et de l'Asie. Ses montagnes forment une crête couronnée de cimes tantôt colossales, tantôt à peine prononcées. Si un observateur, placé à la cime du mont Blanc, pouvait embrasser de ses regards l'Europe tout entière, il observerait que le sommet sur lequel il se trouve est le point culminant, et presque le centre d'une longue suite de montagnes qui commence au cap Trafalgar et va finir, à l'est, près des frontières de l'Asie; il verrait se détacher de cette chaîne de nombreux rameaux, dont les uns sont des chaînes nouvelles, et dont les autres, comme en Suisse, forment des vallées sans nombre. Mais le grand trait de la géographie physique de l'Europe est, sans contredit, ses mers intérieures, dont l'influence a été si grande sur son commerce, son industrie et sa civilisation. La plus remarquable, comme la plus célèbre, est la Méditerranée, qui baigne en même temps les rivages de l'Asie et ceux de l'Afrique. Au nord, s'étend une autre Méditerranée appelée mer Baltique, et, à l'ouest, ce vaste Océan qui nous fait communiquer avec le Nouveau-Monde. — L'Europe, par la disposition intérieure de ses mers, forme deux presqu'îles qui donnent à son climat quelque chose d'analogue à celui des îles, où la chaleur et le froid ont moins d'influence que dans les continents; comme elle est plus voisine du pôle que de l'équateur, elle n'est pas exposée aux sécheresses brûlantes de l'Afrique; mais, comme en même temps son extrémité la plus septentrionale est éloignée de 19 degrés du pôle arctique, elle ne subit pas l'action du froid au même degré que les terres polaires.*

1 Étendue. — L'Europe est comprise entre 34° 52' et 70° 10' de latitude N., et entre 12° 35' de longitude O. et 61° de longitude E. Sa plus grande longueur du cap Saint-Vincent à l'embouchure de la Kara. c'est-à-dire du S.-O. au N.-E., est de 5,500 kilomètres. Sa plus grande largeur, du cap Nord au cap Matapan, de 3,850 kilomètres. Le périmètre de ses côtes est d'environ **236,600** kilomètres. Sa superficie est de **10,000,000** de kilomètres carrés.

2 Mers. — L'océan Glacial Arctique baigne le N. de la Norvége et de la Russie; la mer Blanche baigne les côtes de la Laponie russe et celles de la Russie septentrionale; l'océan Atlantique baigne les côtes occidentales de la Norvége, des îles Britanniques, de la France. de l'Espagne et du Portugal, et forme la mer de Norvége, la mer d'Écosse et la mer d'Irlande; la mer du Nord, formée aussi de l'océan Atlantique, baigne la Norvége, le Danemark, l'Allemagne, la Hollande, la Belgique, le nord de la France, l'est de l'Écosse et de l'Angleterre; la mer Baltique, formée de l'océan Atlantique par la mer du Nord, baigne la Suède, la Russie, le Danemark, l'Allemagne et la Prusse; la Manche baigne le S. de l'Angleterre et le N.-O. de la France.

3 La mer Méditerranée baigne l'Espagne, la France, l'Italie et le midi de la Grèce; elle forme la mer Tyrrhénienne, qui baigne la partie occidentale de l'Italie, la mer Ionienne. qui baigne l'Italie méridionale, la Turquie et la Grèce; la mer Adriatique, formée par la mer Ionienne, baigne l'est de l'Italie, l'empire d'Autriche et la Turquie; enfin l'Archipel, formé aussi par la Méditerranée, baigne encore la Turquie et la Grèce orientale.

4 La mer de Marmara, formée de la Méditerranée par l'Archipel, baigne la Turquie d'Europe qu'elle sépare de la Turquie d'Asie; la mer Noire baigne en Europe la Russie et la Turquie; la mer Caspienne ne communique avec aucune autre mer et ne baigne, en Europe, que la Russie.

5 Détroits. — Entre la mer du Nord et la mer Baltique : le Skager-Rack, le Cattégat, le Petit Belt, le Grand Belt et le Sund; le Pas-de-Calais sépare la France de l'Angleterre; le détroit de Gibraltar unit l'Océan à la Méditerranée; le détroit ou phare de Messine sépare la Sicile de l'Italie; le canal d'Otrante joint la mer Adriatique à la mer Ionienne; le détroit des Dardanelles unit l'Archipel à la mer de Marmara; le détroit de Constantinople

unit la mer de Marmara à la mer Noire; et le détroit de Caffa ou d'Iénikaleh joint la mer Noire à la mer d'Azof.

6 Autour des îles Britanniques se trouvent encore : le canal du Nord et le canal Saint-Georges; et, entre la Corse et la Sardaigne, le détroit de Bonifacio.

7 Golfes. — Les golfes de Botnie, de Finlande, de Riga ou de Livonie et de Dantzig, formés par la mer Baltique; le Zuyder-zée, formé par la mer du Nord; le golfe de Gascogne, formé par l'océan Atlantique; les golfes de Valence, du Lion, de Gênes et de Tarente, formés par la Méditerranée; le golfe de Trieste, formé par la mer Adriatique; le golfe de Lépante, formé par la mer Ionienne; les golfes de Nauplie et de Salonique, formés par l'Archipel, d'Odessa et de Pérécop, dans la mer Noire; enfin les golfes de Murray, de Forth et du Wash, sur les côtes orientales de l'Écosse et de l'Angleterre.

8 Fleuves. — La Petchora, qui se jette dans l'océan Glacial; la Dvina du Nord dans la mer Blanche; le Dal, l'Uméa et le Tornéa dans le golfe de Botnie; la Néva dans le golfe de Finlande; la Dvina de l'ouest; le Niémen, la Vistule et l'Oder dans la Baltique; l'Elbe, le Wéser, le Rhin, la Meuse et l'Escaut dans la mer du Nord; la Seine, la Loire, la Gironde formée de la Dordogne et de la Garonne, le Minho (Minio), le Douro, le Tage, la Guadiana et le Guadalquivir dans l'océan Atlantique.

9 L'Èbre, le Rhône, l'Arno et le Tibre qui se jettent dans la Méditerranée: le Pô et l'Adige dans l'Adriatique, le Vardar et la Maritza, dans l'Archipel; le Danube, le Dniester, le Dniéper dans la mer Noire; le Don dans la mer d'Azof; le Kouban encore dans la mer Noire; le Volga et l'Oural dans la mer Caspienne.

10 Le Shannon, en Irlande, et la Severn, dans le Pays de Galles, se jettent dans l'Océan; la Tamise, l'Humber et le Forth, en Angleterre, se jettent dans la mer du Nord.

11 Cours des principaux fleuves. — *Versant du Nord et de l'Ouest.* La Dvina du nord a son embouchure au-dessous d'Archangel; le Tornéa traverse le Pays des Lapons; la Néva sort du lac Ladoga, traverse Saint-Pétersbourg et a son embouchure vis-à-vis de Cronstadt; la Dvina de l'ouest sort des monts Valdaï, en Russie, et se jette, à Riga, dans le golfe de ce nom; le Niémen forme la limite septentrionale de la Pologne et arrose Tilsit dans la

Prusse orientale; la Vistule prend sa source dans les Carpathes, en Autriche, traverse la Pologne, passe à Varsovie et se jette dans la Baltique auprès de Dantzig, en Prusse; l'Oder prend sa source aux monts Sudètes, traverse la Prusse et passe à Breslau et à Stettin.

12   L'Elbe prend sa source dans les monts des Géants, traverse la Bohême, la Saxe où il arrose Dresde, la Prusse à l'ouest, et se jette dans la mer du Nord après avoir côtoyé le Hanovre et arrosé Hambourg et Altona, dans l'Allemagne; le Wéser traverse le Hanovre et passe à Brême.

13   Le Rhin prend sa source au mont Saint-Gothard, en Suisse, traverse le lac de Constance, passe à Bâle, sépare la France de l'Allemagne, arrose Coblentz, entre dans les Pays-Bas où il se partage en quatre branches, et se perd dans la mer du Nord près de Leyde.

14   La Meuse prend sa source en France dans le plateau de Langres et traverse la Belgique et les Pays-Bas; l'Escaut descend des collines de l'Artois, baigne le nord de la France, la Belgique et la Hollande, et se divise en deux branches pour former la Zélande: la Seine prend sa source en France dans les montagnes de la Côte-d'Or, et arrose Troyes, Paris, Rouen, et se jette dans la Manche au sud du Havre.

15   La Loire prend sa source dans les Cévennes, arrose Orléans, Tours, Nantes et Saint-Nazaire, et se jette dans l'Océan; la Garonne prend sa source dans les Pyrénées, arrose Toulouse, Bordeaux, reçoit la Dordogne et se jette sous le nom de Gironde dans l'océan Atlantique.

16   Le Minho prend sa source dans la Galice, sépare, au nord, l'Espagne du Portugal et se jette dans l'Océan; le Douro prend sa source aux monts Ibériques, traverse l'Espagne et le Portugal, et se jette dans l'Océan au-dessous de Porto; le Tage prend sa source dans un rameau des monts Ibériques, traverse aussi l'Espagne et le Portugal, et se jette encore dans l'Océan auprès de Lisbonne.

17   La Guadiana prend sa source dans un autre rameau des monts Ibériques, traverse l'Espagne et le Portugal, et se jette dans l'Océan à la limite de ces deux États; la Guadalquivir prend sa source au sud des monts Ibériques, arrose Séville et se jette dans l'océan Atlantique.

18   *Versant du Sud et de l'Est.* L'Èbre prend aussi sa source en Espagne, dans les Asturies, passe à Saragosse et se jette dans la Méditerranée; le Rhône prend sa source en Suisse, traverse le lac de Genève, arrose, en France, Lyon, Avignon, et se jette dans la Méditerranée par plusieurs embouchures.

19   L'Arno prend sa source en Italie dans les Apennins, arrose Florence, dans l'ancienne Toscane, et se jette dans la Méditerranée; le Tibre prend aussi sa source dans les Apennins, arrose Rome et se jette encore dans la Méditerranée; le Pô prend sa source dans les Alpes Cottiennes, passe à Turin et se jette, par plusieurs embouchures, dans le golfe de Venise; l'Adige prend sa source dans les montagnes du Tyrol, traverse la Vénétie et se jette, près du Pô, dans le même golfe.

20   Le Vardar et la Maritza prennent leur source en Turquie, dans les Balkans, et se jettent, le premier dans le golfe de Salonique, la seconde dans l'Archipel; le Danube prend sa source dans la forêt Noire, près de la France, traverse le Wurtemberg, la Bavière, l'Autriche où il arrose Vienne, la Hongrie où il traverse Bude, entre dans les principautés Danubiennes où il arrose Belgrade et Semendria, arrose ensuite Silistrie en Turquie, et se jette dans la mer Noire, par cinq embouchures, après un cours d'environ 2,800 kilomètres.

21   Le Dniester prend sa source aux monts Carpathes, le Dnieper dans les monts Valdaï en Russie; ils se jettent tous deux dans la mer Noire; le Don prend sa source au centre de la Russie, traverse le pays des Cosaques et se jette dans la mer d'Azof; le Volga sort du plateau de Valdaï, en Russie, et se jette dans la mer Caspienne; l'Oural prend sa source dans les monts Ourals, sépare l'Europe de l'Asie, et se jette aussi dans la mer Caspienne.

22   La Tamise arrose, en Angleterre, Windsor, Londres, et se jette dans la mer du Nord

23   **Lacs.** — Mœlar, Véner et Vetter en Suède; Imandra, Saïma, Ladoga, Onéga, Peypous et Ilmen en Russie; de Constance, de Neuchâtel et de Genève en Suisse; Balaton en Autriche; Majeur, Como, Isséo et de Garde dans l'Italie du nord; Pérouse et Bolséna dans l'Italie centrale.

24   **Presqu'îles.** — Les *presqu'îles* ou *péninsules* les plus remarquables sont : la presqu'île Scandinave, la presqu'île Danoise, la presqu'île de Bretagne, la péninsule Hispanique, la presqu'île Italique, la péninsule Hellénique et la presqu'île de Crimée.

25   **L'isthme** de Corinthe joint la Morée au continent; et l'isthme de Pérécop, la Crimée à la Russie.

25   **Caps.** — Waïgatz, au nord des monts Ourals; Nord, dans l'île de Mageroë; Cléar, au S.-O. de l'Irlande; Land's-End et Lizard, au S.-O. de l'Angleterre; Lindesness, au S. de la Norwége; Skagen, au N. du Danemark; de la Hague, au N.-O. de la France, Ortégal et Finisterre, au N.-O. de l'Espagne; Saint-Vincent, au S.-O. du Portugal; Trafalgar, au S. de l'Espagne; Passaro, au S. de la Sicile, et Matapan, au S. de la Morée.

27   **Montagnes.** — La grande ligne de partage des eaux se forme de l'Oural septentrional, des monts Chemokonski, du plateau de Valdaï, des collines de Pologne, des Carpathes du nord, des monts Sudètes, des monts de Moravie et de Bohême, auxquels se rattachent les monts des Géants et les monts Métalliques; des montagnes de Souabe et de la forêt Noire; des Alpes Centrales, du Jura, de la Côte-d'Or, des Cévennes, des Pyrénées orientales et occidentales, des monts Cantabres, des monts Ibériques, auxquels se rattachent la Sierra Guadarrana, les monts de Tolède, la Sierra Morena et la Sierra Nevada.

28   Aux Alpes Centrales se lient, au sud-ouest, les Alpes Pennines, les Alpes Occidentales et les Apennins qui en forment le prolongement naturel; et à l'est les Alpes Orientales, formées des Alpes Rhétiques, Carniques, Juliennes, Dinariques et Helléniques : ces dernières se rattachent aussi aux Balkans, lesquels se lient aux Carpathes du Nord par les Carpathes du Sud et du Centre.

29   A cette ligne de faîte se rattachent par des contre-forts: 1° entre la Norwége et la Suède, la grande chaîne des Dophrines ou Alpes Scandinaves avec les monts Seres pour contre-forts ; 2° à l'E. de la Russie, les monts Ourals, et 3° au S., le Caucase, entre l'Europe et l'Asie. Dans la Grande-Bretagne, il y a encore trois petites chaînes, savoir : les Grampians en Écosse, les monts Cheviot, entre l'Écosse et l'Angleterre, et les montagnes du Pays de Galles, à l'ouest de l'Angleterre.

30   **Volcans.** — Les principaux sont : en Islande, le mont Hécla ; en l'Italie, le mont Vésuve; et, en Sicile, le mont Etna.

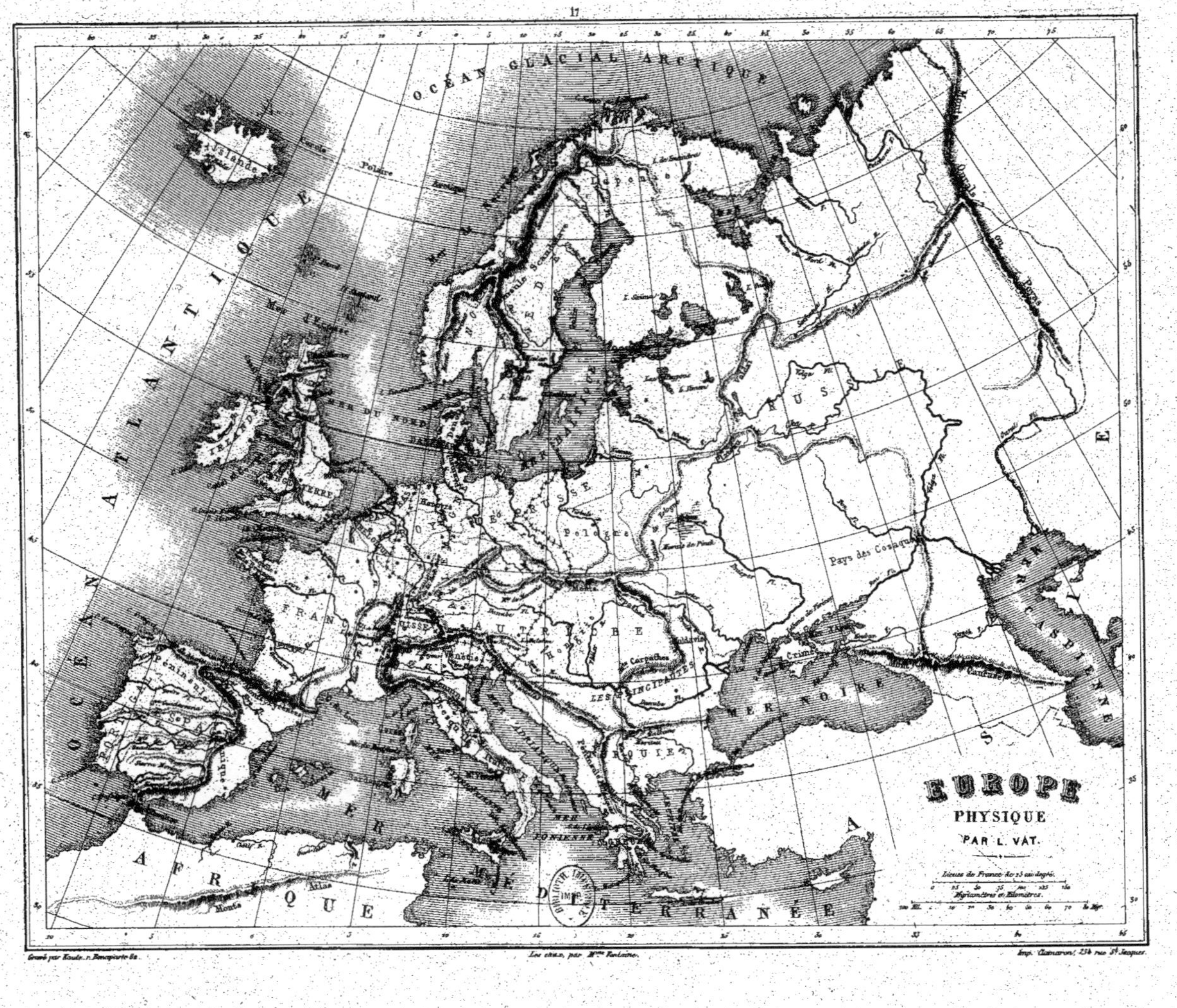

OCÉAN GLACIAL ARCTIQUE
OCÉAN ATLANTIQUE
Islande
Polaire
MER DU NORD
SUÈDE
NORVÈGE
FINLANDE
RUSSIE
Pologne
Pays des Cosaques
MER CASPIENNE
FRANCE
SUISSE
AUTRICHE
HONGRIE
LES PRINCIPAUTÉS
Crimée
MER NOIRE
TURQUIE
ESPAGNE
PORTUGAL
MER MÉDITERRANÉE
MER IONIENNE
GRÈCE
AFRIQUE
ANGLETERRE
IRLANDE
Péninsule Scandinave
EUROPE
PHYSIQUE
PAR L. VAT.
Lieue de France de 25 au degré.
Myriamètre et Kilomètre.
Gravé par Raalt, r. Bonaparte 8a.
Les chem. par Mme Fontaine.
Imp. Camaron, 25b rue St Jacques.

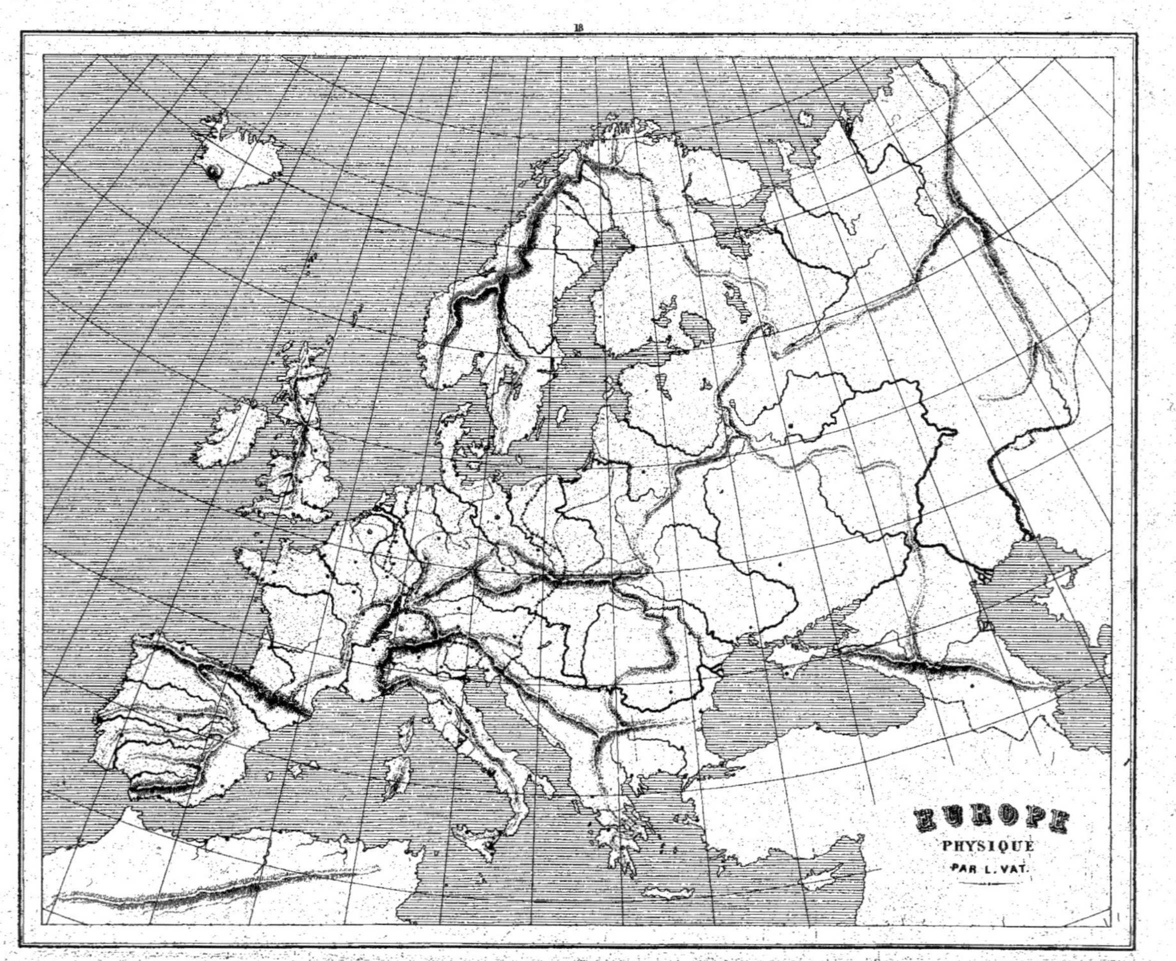
EUROPE
PHYSIQUE
PAR L. VAT.

ILES BRITANNIQUES ou ROYAUME-UNI

PARTIE POLITIQUE.

1. **Population.** — 29,000,000 d'habitants, non compris les colonies.

2. **Races.** — L'Irlande, l'Écosse et le pays de Galles sont de la race gaélique qui est sœur du breton et du gallois; le reste du pays est de race germanique.

3. **Religion.** — Le catholicisme est la religion de l'Irlande, mais l'Église presbytérienne en Écosse, et l'Église anglicane ou calviniste épiscopale en Angleterre, sont déclarées religions de l'État.

4. **Gouvernement.** — Le gouvernement est une monarchie héréditaire et constitutionnelle.
   La reine Victoria a succédé à son oncle Guillaume IV depuis 1837.

5. **Limites.** — Au N. et à l'O. l'océan Atlantique, au S. la Manche et le Pas-de-Calais qui séparent l'Angleterre de la France, et à l'E. la mer du Nord.

6. **Divisions.** — Les ILES BRITANNIQUES se composent de 3 parties distinctes :
   1° L'IRLANDE, qui se divise en 32 comtés répartis en 4 provinces ecclésiastiques, savoir : l'ULSTER, Londonderry, *Belfast, Armagh*; le CONNAUGHT, Galway; le LEINSTER, DUBLIN, *cap. Kilkenny*; le MUNSTER, *Limerick sur le Shannon, Waterford* et Cork.

7. 2° L'ÉCOSSE, qui présente 2 grandes régions naturelles : au N. les Terres hautes ou HIGHLANDS, et au S. les Terres basses ou LOWLANDS. Elle est divisée en 31 comtés et 2 intendances dont voici les villes principales : ÉDIMBOURG, *cap.* avec *Leith* pour port, *Culloden, Inverness,* Aberdeen, *Dundee, Perth, Saint-André, Greenock, Glascow sur la Clyde.*

8. 3° L'ANGLETERRE, qui forme : 1° la PRINCIPAUTÉ DE GALLES, Flint à l'embouchure de la *Dee,* Montgomery *près de la Severn,* Pembrok; 2° l'ANGLETERRE propre, divisée en 40 comtés : *cap.* LONDRES, à 420 kil. N.-O. de Paris; *villes pr. :* Newcastle dans le Northumberland, *Sunderland,* Durham, York, *Halifax, Leeds,* MANCHESTER, Lincoln, Derby, Stafford, Norwich, *Sheffield, Macclesffield, Birmingham* dans le Warwick, Worcester,[Cambridge, Glocester, *Oxford, Saint-Albans, Windsor, Bath* dans le Somerset, Cantorbéry dans le Kent, etc.

9. **Ports les plus importants.** — Liverpool sur la Mersey, *Bristol et Plymouth dans la péninsule de Cornouailles, Southampton. Portsmouth, Brighton, Hastings dans le Sussex, Folkestone, Douvres,* Londres, *Yarmouth, Hull.*

10. **Iles.** — Au N. les Shetland, les Orcades; au N.-O. les Hébrides ; dans la mer d'Écosse, Skye, Mull et Islay; dans la mer d'Irlande, I. de Man, l. d'Anglesey ; au S.-O., l° Sorlingues; au S., I. de Wight, Aurigny, Guernesey, Jersey.

11. **Canaux.** — En *Irlande,* le Grand-Canal et le canal Royal qui joignent l'Atlantique à la mer d'Irlande; en *Écosse,* le canal de Calédonie qui joint l'Atlantique au G. de Murray, le canal de Forth et Clyde qui unit les rivières de ce nom; en *Angleterre,* la canal de Bridgewater qui met en communication la mer d'Irlande et la mer du Nord par Liverpool. Manchester et Hull; le grand Trunck, entre la Trente et la Mersey, le canal de Grande-Jonction, entre Northampton et la Tamise; Tamise et Severn, qui unit ces deux fleuves; et le Régent, au milieu même de Londres.

12. **Chemins de fer.** — En *Irlande,* 3 railways partent de Dublin, savoir : sur Londonderry, sur Galway et sur Cork.

13. Édimbourg est le centre des *lignes de l'Écosse :* l'une se dirige sur Dundee, Aberdeen et Inverness, une autre passe à Glascow, la troisième se rattache au Great-Northen de l'Angleterre (ligne du Nord).

14. Toutes les lignes principales de *l'Angleterre* partent de Londres : 1° la ligne du N. qui se dirige sur Cambridge, York, Durham, Newcastle et l'Écosse, avec un embranchement sur Leeds, Manchester, et un autre sur Anglesey : 2° la ligne du N.-O. qui passe à Birmingham, Flint, Liverpool et Manchester ; 3° la ligne de l'O. : elle va sur Bath et Bristol et se rattache à Birmingham, à Pembrok et à Plymouth; 4° la ligne du S.-O. qui va à Southampton et Portsmouth; 5° la ligne du S. à Brighton ; 6° la ligne du S.-E. qui dessert Douvres; 7° la ligne de l'E. qui va à Yarmouth par Norwich.

15. **Colonies et dépendances** (plus de 170 millions d'habitants). — **En Europe** : Helgoland *à l'embouchure de l'Elbe,* Gibraltar en Espagne, et l'île de Malte.

16. **En Asie.** — Aden en Arabie, l'île Périm dans le détroit de Bab-el-Mandeb; presque tout l'Indoustan (les possessions médiates ou États tributaires sont le Sindhy, le Népaul, etc.; les possessions immédiates : Delhi, Agrah, Calcotta, Bombay, Masulipatam et Madras) ; l'île de Ceylan, l° Nicobar, une partie de l'Indo-Chine (Malacca, Sincapour); et en Chine l'île de Hong-Kong.

17. **En Afrique.** — Les établissements situés sur les bords de la Gambie, ceux de Sierra Leone et Cap Corse sur la Côte d'Or, la Côte des Esclaves, la Colonie du Cap, les îles Fernando-Po, Ascension et Sainte-Hélène dans l'océan Atlantique; l'île Maurice, les îles Comores, les îles Amirantes et les îles Mahé ou Séchelles dans la mer des Indes.

18. **En Amérique.** — L'Amérique anglaise du Nord, qui se compose des terres arctiques, du territoire de la Compagnie, de la baie d'Hudson, du Canada, du Nouveau-Brunswick et de la Nouvelle-Écosse, une partie du Yucatan et la Guyane anglaise. L'île du Grand-Saint-Laurent, Terre-Neuve, les îles Bermudes, les Indes-Occidentales qui comprennent les Lucayes, la Jamaïque, Saint-Christophe, Antigoa, La Dominique. Saint-Louis, La Barbade, Saint-Vincent, Tabago et la Trinité.

19. **En Océanie.** — L'île Labouat dans la mer de Chine. la Nouvelle-Galles du Sud, la Tasmanie et les îles Viti dans la Mélanésie; la Nouvelle-Zélande dans la Polynésie.

PARTIE PHYSIQUE.

Aspect général. — Climat. — *L'Irlande est un pays de plaines et de pâturages, brumeux, humide et pluvieux; les habitants pauvres ne s'y nourrissent que de pommes de terre; des lacs et des fondrières conservent intacts les corps des êtres inanimés qui y tombent.*
L'Écosse est une des plus pittoresques contrées de l'Europe. Sa partie septentrionale forme une masse irrégulière de montagnes parsemées de fleuves, de lacs et de vallées.
Le nord et l'ouest de l'Angleterre sont montagneux; le centre, légèrement ondulé, offre des prairies magnifiques, et le sol de l'est est marécageux. — Le climat, humide et brumeux, entretient une végétation abondante, mais la vigne n'y vient pas : la bière y supplée pour le peuple. Les nombreuses rivières qui sillonnent de toutes parts le pays, permettent aux vaisseaux d'alimenter son commerce intérieur, et offrent par là un nombre considérable d'excellents ports.

20. **Superficie.** — 310,143 kilomètres carrés. (Beaucoup plus petite que la France.)
    Mers. — L'océan Atlantique. la mer d'Irlande, la Manche et la mer du Nord.

21. **Détroits.** — Le canal du Nord et le canal Saint-Georges qui font communiquer la mer d'Irlande avec l'Atlantique.

22. **Golfes.** — De Clyde, de Solway, baie de Cardigan et golfe de Bristol, à l'O.; du Wash, de Forth ou d'Édimbourg et de Murray à l'E.

23. **Fleuves.** — En Irlande, le Shannon qui tombe dans l'océan Atlantique; le Liffey qui arrose Dublin, et la Boyne.

24. En Écosse. — *Versant de l'Ouest :* la Clyde qui arrose Glascow ; *versant de l'Est :* le Tweed qui sépare, près de son embouchure, l'Écosse de l'Angleterre; le Forth et le Tay qui prennent leur source aux monts Grampians et se jettent dans la mer du Nord.

25. En Angleterre. — *Versant de l'Ouest :* la Mersey qui se jette dans la mer d'Irlande, la Dee qui se perd dans la même mer, et la Sevorn qui se jette dans le canal de Bristol. *Versant du sud :* l'Avon, tributaire de la Manche.

26. *Versant de l'Est :* le Tamise qui passe à Londres; la Grande-Ouse qui se jette dans le golfe du Wash, et l'Humber qui est formé de la Trente et de la Petite-Ouse, et se jette comme les deux précédents dans la mer du Nord.

27. **Lacs.** — En *Irlande,* le lac Erne et le lac Neagh dans l'Ulster ; le lac Ree et le lac Derg. En *Écosse,* le lac Lomond. En *Angleterre,* le lac Winandermere.

28. **Caps.** — C. Clear au S.-O de l'Irlande. C. Lands'End au S.-O. de l'Angleterre et à 40 kilomètres S.-E. de ce dernier; C. Lizard, C. Dunkansby au N. de l'Écosse.

29. **Montagnes.** — Une chaîne peu élevée divise l'Irlande en deux versants, et au S.-O. s'élève le mont Caru-Tual.

30. Les trois versants de l'Angleterre et de l'Écosse sont formés par la grande ligne de faîte qui part du cap Dunkansby et va se terminer au Pas-de-Calais; elle forme successivement : les monts Grampians qui divisent l'Écosse en hautes-terres et basses-terres, les monts Cheviot sur la frontière de l'Écosse et de l'Angleterre, les monts Moorlands et les monts de Pic. Deux principaux rameaux s'en détachent : l'un, sous les noms de monts Snowdon et Berwyn, parcourt, à l'O., le pays de Galles, et l'autre s'avance, au S.-O., sous le nom de montagne de Cornouailles. Le point culminant de toutes ces chaînes est le Ben-Nevis, dans les monts Grampians.

NORVÉGE ET SUÈDE ou MONARCHIE SCANDINAVE

PARTIE POLITIQUE.

31 **Population.** — 5,360,000 habitants : 1,500,000 pour la Norwége, et 3,860,000 pour la Suède.

Races. — Les Norvégiens appartiennent à la division scandinave de la famille germanique ; on leur croit plus de rapport avec les Danois qu'avec les Suédois, qui sont d'origine germaine.

32 **Religion.** — La religion dominante est le luthéranisme ; tous les archevêchés et évêchés du royaume appartiennent à cette secte du protestantisme.

33 **Le gouvernement** est monarchique et constitutionnel. Charles XV règne depuis 1859. Le siége du gouvernement est à Stockholm.

34 **Limites.** — Au N. l'océan Glacial Arctique, à l'O. l'océan Atlantique, la mer du Nord ou d'Allemagne, au S. le Skager-Rack et le Cattégat, à l'E. la mer Baltique, le golfe de Botnie, et le Tornéa qui la sépare du continent.

35 La **Norvége** se divise en 3 régions géographiques, subdivisées en 19 amter ou préfectures.

36 1° Le **Nordland**, avec le Finmark : Tromsoë.

37 2° Le **Nordenfields** : Drontheim, Bergen.

38 3° Le **Sœndenfields** : CHRISTIANIA, cap. ; Staranger, Christiansand, Frédérikshall.

39 La **Suède** se divise aussi en 3 régions, subdivisées administrativement en 24 lœn ou départements.

40 1° Le **Nordland** qui comprend la Laponie suédoise, Haparanda, Luléa, Pitea, Umea, OEstersund et Hernœsand.

41 2° La **Suède propre** : Upsal, Vesteras, Carlstadt, OErebro, STOCKHOLM, cap., à 1,922 kil. N.-O. de Paris, et Nykœping.

42 3° La **Gothie** ou **Gothland** : Gothbourg, Linkœping, Calmar, Carlscrone et Lund.

43 **Iles.** — Au N., I. MAGEROE ; à l'O., I⁴ Tromsoë, I⁴ Lofoden, au sud desquelles se trouve le goufre de Malstrœm ; I⁴ Drontheim, I⁴ de Bergen, et dans la Baltique I. Gottland et I. OEland.

44 **Canaux** et **Chemins de fer.** — Les canaux les plus importants sont ceux qui, en Suède, unissent l'Atlantique à la Baltique par les lacs Vener et Vetter. Ce système de communications sera complété par les chemins de fer : 1° de Christiania à Kongsberg et à Drontheim ; 2° de Stockholm à Gothbourg, et de Gothbourg à Malmoë et à Ystad, au sud de la Gothie.

45 **Colonie.** — Ile de Saint-Barthélemy, une des petites Antilles, en Amérique.

PARTIE PHYSIQUE.

Aspect général. — Climat. — *La Norwége et la Suède forment le plus septentrional des pays du monde ; le climat en est cependant moins froid que celui des autres pays à latitude égale. Les Lapons, de race finnoise, mais petits, rabougris, peu civilisés, sont gais et hospitaliers ; ils vivent presque tous à l'état nomade, sont pasteurs ou pêcheurs. Le renne les habille, les nourrit et conduit leurs traîneaux. Depuis les côtes septentrionales jusqu'au 60ᵉ degré de latitude, le pays est couvert de neiges perpétuelles Les Dophrines, dont quelques ramifications s'élèvent en Laponie à une hauteur de plus de 2,000 mètres, sont principalement composées de granit. Sur les bords de la Baltique, et à plus de 100 mètres au-dessus de la mer, s'étendent des prairies de cultures variées Le seigle et l'orge mûrissent seuls jusqu'aux extrémités nord du pays, mais la végétation y est si rapide, que pendant le solstice d'été, où les plus longs jours sont de 21 h. 1/2, la terre échauffée produit l'orge en six ou sept semaines.*

46 **Superficie.** — 738,405 kilomètres carrés. (Beaucoup plus grande que la France.)

47 **Mers.** — Les mêmes que celles qui forment les limites.

48 **Détroits.** — Le Skager-Rack ou canal de Jutland, le Cattégat et le Sund.

49 **Golfes.** — G. de Varanger au N., G. de Bukko à l'O., G. de Christiania au S., et G. de Botnie au fond de la mer Baltique.

50 **Fleuves.** — *Versants du N. et de l'O. :* la Tana. *Versant du S. :* le Glommen qui se jette dans le golfe de Christiania. *Versants du S.-E. et de l'E. :* la Gotha, le Dal, l'Indat's-

Elf, le Luléa et le Tornéa.

51 **Lacs.** — Mœlar, Vener et Vetter.

52 **Caps.** C. Nord dans l'île de Mageroë ; C. Nordkyn, le plus septentrional du continent : et C. Lindesness au S.-O. de la Norvége.

53 **Montagnes.** — Les monts Dophrines ou Alpes Scandinaves se rattachent par le N. aux Kiœlen, et par le S. au Sœgnefield ; au N., une faible colline s'en détache pour se joindre à la grande arête de l'Europe.

DANEMARK ET ISLANDE

PARTIE POLITIQUE

54 **Population.** — 2,800,000 habitants.

55 **Races.** — La famille germanique a formé le rameau anglo-saxon, mélange des Saxons et des Danois, et le rameau scandinave qui a donné son origine aux peuples du Holstein.

56 **Religion.** — Le luthéranisme est la religion dominante.

57 **Gouvernement.** — C'est une monarchie constitutionnelle. Christian IX règne depuis novembre 1863.

58 **Limites.** — Au N. le Cattégat, le Skager-Rack, et à l'O. la mer du Nord ; au S. l'Elbe qui la sépare du royaume de Hanovre, et le grand-duché de Mecklembourg ; à l'E. la mer Baltique et le Sund.

59 **Divisions.** — LE ROYAUME DE DANEMARK se compose de 3 parties, savoir : 1° l'ISLANDE, cap. Reykiavick, et les îles Fœroë.

60 2° La PRESQU'ILE DE DANEMARK, comprenant le JUTLAND, Viborg ; le DUCHÉ DE SLESVIG, Ribe, Duppel, Flensbourg et Slesvig ; le DUCHÉ DE HOLSTEIN, Kiel, Gluckstadt et Altona ;

et le DUCHÉ DE LAUENBOURG, cap. Lauenbourg sur l'Elbe : ces deux duchés font partie de la Confédération germanique.

61 3° **Les îles** de la mer Baltique ou Arch. Danois, sont : Fionie, cap., Odense, île de Seeland, Elseneur, port important ; COPENHAGUE, cap. de tout le royaume, à 1,080 kil. de Paris ; Bornholm.

Nota. *L'île Helgoland, située à l'embouchure de l'Elbe, appartient à l'Angleterre.*

62 **Canal.** — De Kiel, entre l'Eyder et la Baltique.

63 **Chemins de fer.** — Une ligne d'Altona à Kiel, à Slesvig et Flensbourg, se dirige vers le nord ; une autre, au sud, va sur Hambourg, et rattache le Danemark au réseau allemand ; elle a un embranchement sur Gluckstadt. Une ligne traverse aussi toute l'île de Fionie en passant par Odense ; et une autre, toute l'île de Seeland jusqu'à Copenhague.

64 **Colonies.** — En *Afrique :* quelques établissements sur la Côte d'Or et la Côte des Esclaves. En *Amérique,* la côte occid. du Groënland avec le Spitzberg ; *parmi les petites Antilles :* Saint-Thomas, Saint-Jean et Sainte-Croix.

PARTIE PHYSIQUE

Aspect général. — Climat. — *Le sol du Danemark, généralement plat, mais assez fertile, présente des marécages d'où l'on tire de la tourbe, et des forêts de hêtres. On nomme Marschland les terres grasses produites par les dépôts de limon le long de la mer du Nord ou sur les bords des rivières, et Geestland le terrain haut et fertile situé le long de la mer Baltique. — Le climat est médiocrement rigoureux ; l'air y est sain, malgré l'humidité et les brumes.*

Le sol de l'Islande est très-marécageux et couvert de volcans, dont 10 sont en activité ; il est aussi parsemé de lacs, dont quelques-uns exhalent des vapeurs ou de la fumée. — Le climat est supportable ; les orages sont fréquents et terribles dans les montagnes ; on y voit de nombreuses aurores boréales.

65 **Superficie.** — 150,695 kilomètres carrés.

66 **Mers.** — A l'O. la mer du Nord ; à l'E, la mer Baltique.

67 **Détroits.** — Le Skager-Rack, le Cattégat, le Petit-Belt, le Grand-Belt et le Sund.

68 **Fleuves.** — L'Eyder, tributaire de la mer du Nord ; l'embouchure de l'Elbe, au S. ; elle baigne Altona ; la Trave, qui se jette dans la Baltique.

69 **Cap.** — Le cap Skagen, au N.

70 **Volcan.** — Le mont Hécla, en Islande.

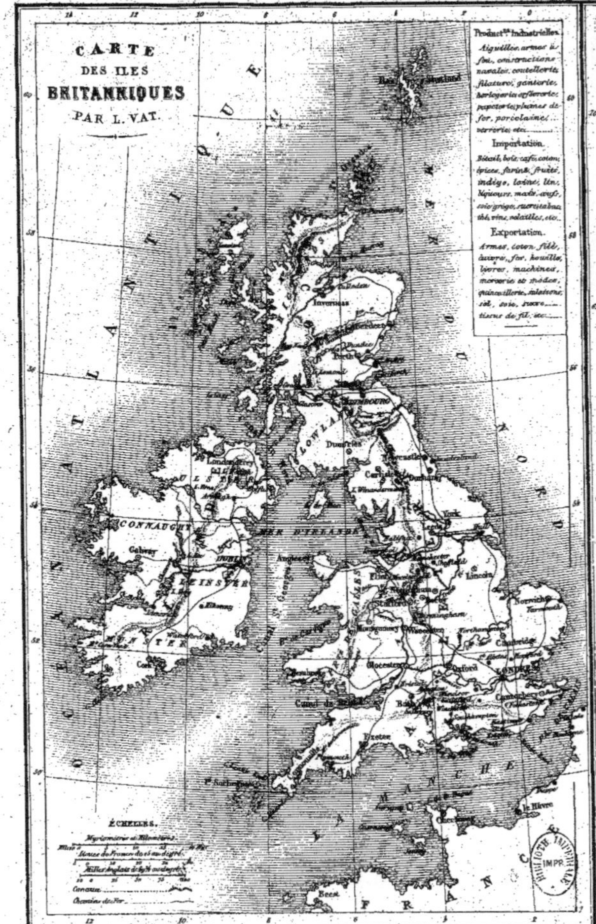
CARTE
DES ILES
BRITANNIQUES
PAR L. VAT.
Product.ns industrielles.
Aiguilles, armes à feu, constructions navales, coutellerie, filature, ganterie, horlogerie, orfèvrerie, papeterie, plumes de fer, porcelaine, verrerie, etc.
Importation.
Bétail, bois, café, coton, épices, farine, fruits, indigo, laine, lin, liqueurs, maïs, œufs, soie grège, sucre, tabac, thé, vins, volailles, etc.
Exportation.
Armes, coton filé, cuivre, fer, houille, livres, machines, mercerie et modes, quincaillerie, salaisons, sel, soie, sucre, tissus de fil, etc.
CONNAUGHT
LEINSTER
MER D'IRLANDE
ÉCHELLES.
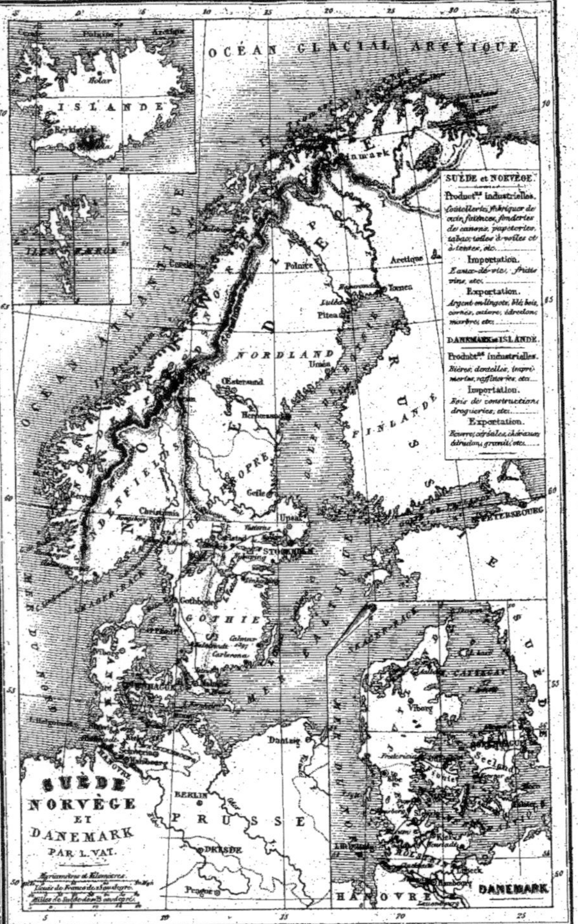
OCÉAN GLACIAL ARCTIQUE
ISLANDE
SUÈDE et NORVÈGE.
Product.ns industrielles.
Coutellerie, fabriques de cuir, faïences, fonderies de canons, papeteries, tabac, toiles à voiles et à tentes, etc.
Importation.
Eaux-de-vie, fruits vins, etc.
Exportation.
Argent en lingots, blé, bois, cornes, cuivre, édredons, marbre, etc.
DANEMARK et ISLANDE.
Product.ns industrielles.
Bières, dentelles, imprimeries, raffineries, etc.
Importation.
Bois de construction, drogueries, etc.
Exportation.
Beurre, céréales, chevaux, édredon, granit, etc.
NORDLAND
GOTHIE
FINLANDE
PRUSSE
HANOVRE
DANEMARK
SUÈDE
NORVÈGE
ET
DANEMARK
PAR L. VAT.

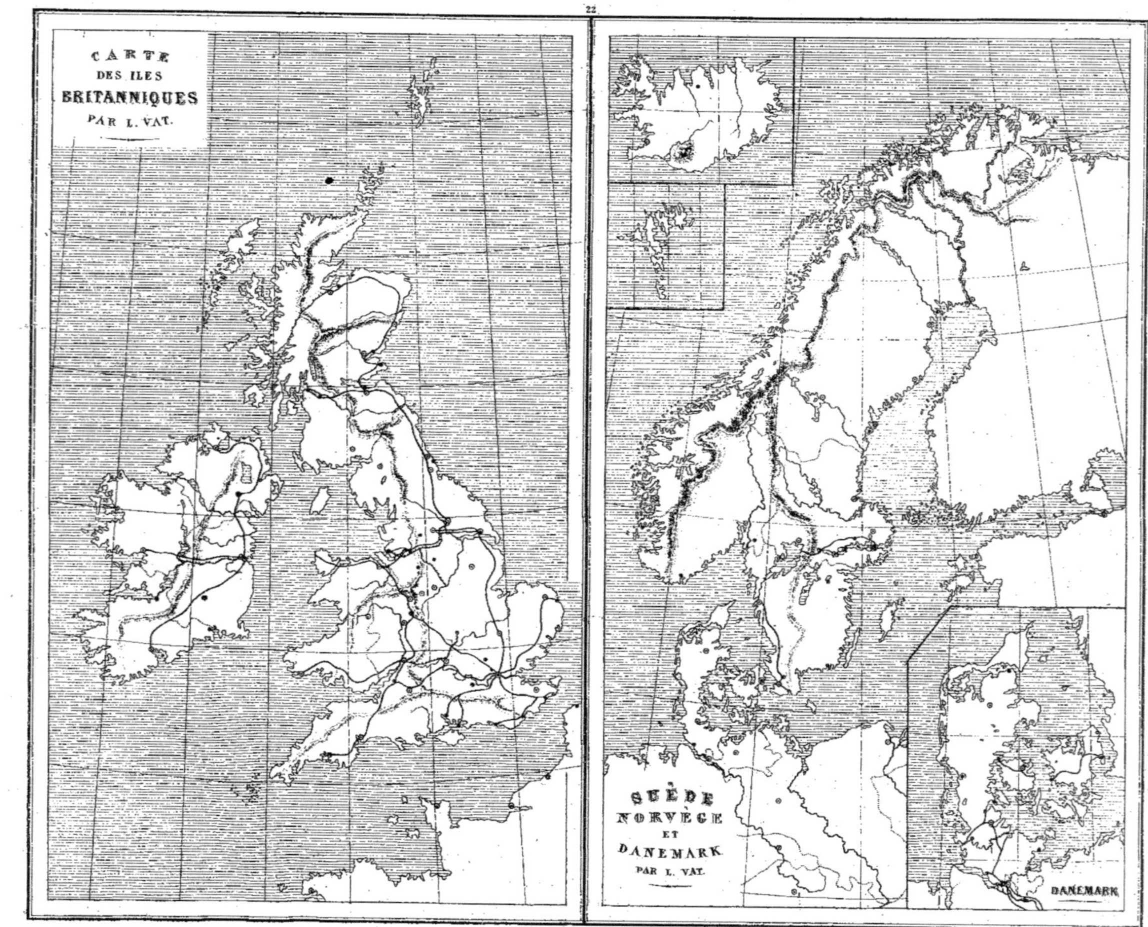
CARTE
DES ILES
BRITANNIQUES
PAR L. VAT.
SUÈDE
NORVÈGE
ET
DANEMARK
PAR L. VAT.
DANEMARK

HOLLANDE ou PAYS-BAS

PARTIE POLITIQUE

1 **Population.** — 3,618,459 habitants.
2 **Race.** Germanique,
Religion. — Point de religion d'État en Hollande, mais le calvinisme y domine.
3 **Gouvernement.** — Monarchie constitutionnelle. Guillaume III, successeur de son père Guillaume II depuis 1849.
4 **Limites.** — Au N. et à l'O. la mer du Nord ; au S. la Belgique, à l'E. la Prusse rhénane et le Hanovre.
Divisions. — La Hollande se divise en 12 provinces, dont :

5 AU NORD.

5 FRISE : cap. Leeuwarden. GRONINGUE : cap. Groningue. DRENTHE : cap. Assen. OVER-YSSEL : *Deventer* et *Zwoll* cap. GUELDRE : cap. Arnheim *sur le Lech,* et *Nimègue sur le Wahal*.

3 AU MILIEU.

6 HOLLANDE NORD : *Le Helder, Saardam,* HARLEM et AMSTERDAM. HOLLANDE SUD : *Leyde,* LA HAYE, *cap. du roy.,* à 387 kil. de Paris, *Rotterdam grand port sur la Meuse.* UTRECHT : *cap. Utrecht sur le vieux Rhin.*

4 AU SUD.

7 ZÉLANDE : *Middelbourg, Flessingue.* BRABANT NORD : *Bois-le-Duc, Bréda, Berg-op-*

Zoom. LIMBOURG HOLLANDAIS : Maëstricht. LUXEMBOURG HOLLANDAIS, au S.-E. de la Belgique : *cap.* Luxembourg. *Ces deux dernières provinces sont dans la Confédération germanique.*

8 **Iles.** — Ameland, Ter Schelling, Vlieland et Texel, au N. ; Schouvin, Walcheren et Beveland dans la Zélande,

9 **Canaux.** — Tout le roy. en est couvert ; les plus importants sont : le canal du Nord, qui permet aux plus gros vaisseaux d'aller directement du Helder à Amsterdam, et le canal de Bois-le-Duc, qui communique avec le canal du Nord de la Belgique.

10 **Chemins de fer.** — D'Amsterdam à La Haye par Harlem et Leyde et de La Haye à Rotterdam ; d'Amsterdam à Arnheim par Utrecht, avec un prolongement sur la Prusse rhénane ; à Utrecht se trouve un embranchement sur Rotterdam ; autres lignes de Maëstricht à Aix-la-Chapelle, et de Luxembourg à Namur,

11 **Colonies.** — En *Afrique* : quelques établissements sur la côte d'Or. — En *Amérique* : une partie de Saint-Martin, Saba et Saint-Eustache, au Nord des petites Antilles ; Bon-Air, Curaço et Aruba, parmi les Iles-sous-le-Vent ; et la Guyane hollandaise, cap. Paramaribo. — Dans l'*Océanie* : Bornéo, Célèbes, l^s Moluques, Sumatra, Java, Madura et Sumbeva. Elles ont toutes ensemble une population de 16,000,000 d'habitants.

PARTIE PHYSIQUE

Aspect général. — Climat. — *Ce pays est généralement plat : ni montagnes, ni forêts, ni sources d'eau vive ; quelque parties sont même au-dessous de la mer, et des digues les protégent contre les inondations. Le nord est marécageux, l'intérieur est souvent inondé par les débordements. — Le climat est doux, mais humide ; l'air y est chargé de vapeurs.*

12 **Superficie.** — 34,175 kilomètres carrés.
13 **Mers.** — La mer du Nord et le Zuyder-zée.
14 **Golfes.** — Le Dollart et le Lauwerzée.

15 **Fleuves.** — Le Rhin s'y divise en 4 branches : l'Yssel se jette dans le Zuyder-zée, le vieux Rhin passe à Utrecht et à Leyde, le Leck et le Wahal se joignent à la Meuse ; la Meuse y reçoit le Roër ; enfin l'Escaut s'y partage en 2 branches.
16 **Lacs.** — Le lac de Harlem et le Biesboch.

ROYAUME DE BELGIQUE

PARTIE POLITIQUE

17 **Population.** — 4,782,255 habitants.
18 **Race.** — Race germanique, comme en Hollande.
19 **Religions.** — La religion dominante est le catholicisme, mais toutes les autres religions sont tolérées.
20 **Gouvernement.** — Monarchique et constitutionnel. Léopold l^{er} de Saxe-Cobourg depuis 1831.
21 **Limites.** — Au N. la Hollande ; à l'O. la mer du Nord et la France ; à l'E. le Luxembourg hollandais et la Prusse rhénane.
22 **Divisions.** — Le royaume de Belgique est divisé en 9 provinces subdivisées en districts :

2 AU NORD.

23 ANVERS : Anvers. *Malines.* LA FLANDRE ORIENTALE : *Lokeren,* Gand *au confluent de la Lys et de l'Escaut,* et *Oudenarde.*

1 AU CENTRE.

24 LE BRABANT SUD : BRUXELLES, *cap. du royaume,* à 260 kil. de Paris, *Louvain sur la Dyle,* et *Waterloo.*

1 A L'OUEST.

25 LA FLANDRE OCCIDENTALE : *Ostende,* Bruges, *Ypres, Courtray.*

3 AU SUD.

26 LE HAINAUT : *Tournay, Fontenoy,* Mons, *Fleurus, Jemmapes, Charleroi.* PROVINCE DE NAMUR : Namur. LE LUXEMBOURG BELGE : *Bouillon* et Arlon.

2 A L'EST.

27 LE LIMBOURG BELGE : Hasselt. LA PROVINCE DE LIÉGE : Liége *sur la Meuse, Verviers, Spa.*

28 **Canaux.** — Les principaux sont : le canal du Nord, entre Anvers et le Limbourg hollandais ; le canal d'Ostende à Bruges et à Gand ; le canal de Mons à Condé ; le canal de Charleroi à Bruxelles ; et le canal de Liége qui unit la Meuse à la Moselle.

29 **Chemins de fer.** — Malines en est le centre ; les principales lignes sont : celle du Nord, qui conduit à Anvers ; celle de l'Ouest, à Ostende par Gand et Bruges ; celle du Sud, par Bruxelles et Mons, se raccordant au chemin de fer du Nord français, et avec embranchement sur Charleroi ; celle de l'Est, par Louvain, Liége et Verviers, jusqu'à la frontière de Prusse.

PARTIE PHYSIQUE

Aspect général. — Climat. — *La Belgique est aussi généralement plate, excepté au sud-est, où quelques prolongements des Ardennes occidentales sillonnent les provinces du Hainaut, de Namur et de Liége ; le sol est bas, comme en Hollande, au point que, du côté de la mer du Nord, il faut d'immenses digues pour l'empêcher d'être submergé. C'est, du reste, un des pays les mieux cultivés de l'Europe. — Le climat est tempéré, humide au nord et à l'ouest, pur et sain à l'est et au sud.*

30 **Superficie.** — 29,456 kilomètres carrés.
31 **Mer.** — La mer du Nord est la seule qui baigne la côte de Belgique au N.-O.
32 **Fleuves.** — La Meuse y reçoit la Sambre et l'Ourthe, et arrose Namur et Liége ; l'Escaut grossi de la Lys, de la Dender et du Rupel, passe à Tournay, à Gand et à Anvers ; le Rupel est formé de la Dyle, qui reçoit elle-même la Senne, et des deux Nèthes.
33 **Montagnes.** — Les collines de Belgique, qui forment le prolongement des Ardennes occidentales, sont les seules hauteurs de ce pays.

RUSSIE D'EUROPE

PARTIE POLITIQUE

34   **Population.** — 67,659,394 habitants.

35   **Races.** — Quatre races principales peuplent la Russie : 1° la race finnoise, qui comprend les Lapons, les Finlandais, les Esthoniens et les Livoniens ; 2° la race slave : Lithuaniens, Polonais et Russes ; 3° la race mongolique qui comprend les Samoyèdes et où se groupe la race tartare ou turque : Baschkirs, Cosaques et Kalmouks ; 4° la race germanique, depuis le golfe de Finlande jusqu'à la Prusse.

36   **Religion.** — La religion dominante est la religion chrétienne grecque *dite* orthodoxe, mais, en Pologne, on compte plus de 5 millions de catholiques ; on trouve encore en Russie beaucoup de luthériens, de mahométans et de juifs.

37   **Gouvernement.** — Le gouvernement est monarchique et absolu ; le souverain se nomme *tzar* ou *empereur.*
Alexandre II, depuis 1855.

38   **Limites.** — Au N. l'océan Glacial Arctique ; à l'O. la Suède, le golfe de Botnie, la mer Baltique, la Prusse, l'Autriche, la Moldavie qui fait partie des provinces Danubiennes, et la Turquie ; au S. la mer Noire et le Caucase ; et à l'E. la mer Capienne, le fleuve Oural, les monts Ourals ou Poyas et le fleuve Kara qui la séparent de l'Asie.

39   **Divisions.** — Toute la Russie est divisée en 13 provinces dont 11 en Europe, lesquelles se subdivisent elles-mêmes en 63 gouvernements, dont la plupart portent le nom de leurs capitales. Les deux autres sont en Asie (la Sibérie) et en Amérique (l'Amérique russe). Le roy. de Pologne forme 5 de ces gouvernements.

40   **1° Russie septentrionale.** — *Villes principales :* Arkangel, Petrozavodsk, Vologda. La partie occidentale est peuplée par les Lapons, et la partie orientale par les Samoyèdes.

41   **2° Province Baltique.** — Uléaborg, Vasa aujourd'hui Nicolaïstadt, Kuopio, Saint-Michel, *Nystad,* Tavastehus, Abo (pron. *Obo*) *anc. cap. de la Finlande,* Helsingfors, *Sveaborg,* Viborg, Cronstadt, SAINT-PÉTERSBOURG, *cap. de l'empire, sur la Néva, à 2,968 kil. de Paris, Narva, Rével dans l'Esthonie, Dorpat, Riga dans la Livonie et sur la Dvina occid., Libau,* Mitau.

42   **3° Grande Russie.** — Novgorod, Pskov, Iaroslav, Kostroma, Nijni-Novgorod, Tver, Vladimir, *Mojaïsk,* Moscou, *anc. cap., sur la Moskova,* Smolensk *sur le Dniéper,* Kalouga, Toula, Riazan, Orel, Tambov, Koursk et Voronej.

43   **4° Russie Rouge.** — *Polosk sur la Dvina occid.,* Kovno, Vilna, Grodno *sur le Niémen,* Bialystok.

44   **5° Russie Blanche.** — Vitebsk, Minsk, Mohilev *sur le Dniéper.*

45   **6° Petite Russie.** — Tchernigov, Jitomir, Kiev *sur le Dniéper,* Kharkov et Poltava.

46   **7° Province de l'Oural.** — Viatka, Perm, *Oufa.*

47   **8° Province du Volga et de la mer Caspienne.** — Kasan, Simbirsk, Penza, Samara, Saratov, Orenbourg, Astrakan *sur la mer Caspienne.*

48   **9° Nouvelle Russie.** — Ekatérinoslav *sur le Dniéper, Kichenev,* Kerson, *Nicolaev, Odessa sur la mer Noire ; et dans la Crimée que l'isthme de Pérécop joint au continent :* Eupatoria, Simféropol, Sébastopol et Balaclava ; *Taganrog dans le pays des Cosaques du Don et près de l'embouchure de ce fleuve ; Ekatérinodar, chez les Cosaques de la mer Noire.*

49   **10° Caucasie et province Transcaucasique.** — Tiflis *dans la Géorgie,* Stavropol, Derbent *dans le Daghestan,* Erivan *dans l'Arménie russe,* etc.

50   **11° Province de la Sibérie.** — (*Voir l'Asie.*)

51   **12° Province de l'Amérique russe.** — (*Voir l'Amérique Septentrionale.*)

52   **13° Royaume de Pologne.** — VARSOVIE, *cap., sur la Vistule,* Plock *sur la Vistule, Kalisch,* Radom, Lublin.

53   **Iles.** — Dans l'océan Glacial, Nouvelle-Zemble, I. Vaïgatch et I. Kalgouev ; dans la Baltique, I^e d'Aland, où se trouve la forteresse de Bomarsund ; Dago, OEsel.

54   **Canaux.** — La mer Blanche communique avec la mer Caspienne par les canaux du Nord et de Koubensk qui réunissent la Dvina du Nord et le Volga ; la Néva et le Volga, c'est-à-dire Saint-Pétersbourg et la mer Caspienne, sont unis par le canal de Vychni-Volotschok et quelques canaux secondaires ; les canaux de la Bérézina, d'Oginski, et le canal Royal joignent la Baltique à la mer Noire par la Dvina occidentale, le Niémen, et le Dniéper ; enfin le canal d'Iwanoff entre le Don et le Volga, unit la mer Noire à la mer Caspienne.

55   **Chemins de fer.** — Le chemin de fer de l'Ouest va de Saint-Pétersbourg à Varsovie et à Cracovie. La ligne du Sud-Ouest, de Varsovie à Odessa par Kiev. La ligne du Centre, de Saint-Pétersbourg à Moscou avec prolongement, au Sud, sur la mer Noire et Caffa.

56   **Possessions hors de l'Europe.** — En *Asie,* toute la Sibérie, et la Russie caucasienne. En *Amérique,* les côtes et îles de l'Amérique russe.

PARTIE PHYSIQUE

Aspect général. — Climat. — *Malgré sa vaste étendue, la Russie est en général peu variée d'aspect, et n'offre presque partout que d'immenses plaines monotones et tristes. Près d'un tiers du pays consiste en forêts impénétrables, lacs, marais et terres stériles appelées steppes. Le sol est sans relief et souvent sans végétation. — La température offre une grande variété, selon les lieux ; le climat est cependant partout plus rigoureux que ne le comporte la latitude. Les contrées méridionales, qui se trouvent sous le parallèle de Naples, sont loin de jouir du même ciel.*

57   **Superficie.** — 5,422,485 kilomètres carrés.

58   **Mers.** Au N. l'océan Glacial Arctique, qui forme la mer Blanche ; à l'O. la mer Baltique ; au S. la mer Noire et la mer d'Azof ; et au S.-E. la mer Caspienne.

59   **Détroits.** — D'Iénikalé ou de Caffa, qui unit la mer Noire à la mer d'Azof.

60   **Golfes.** — De Botnie, de Finlande, et de Livonie ou Riga, tous formés par la mer Baltique.

61   **Fleuves.** — *Versant du Nord ou de l'océan Glacial :* la Kara, la Petchora, qui traverse le pays des Samoyèdes, et la Dvina du Nord. *Versant de l'Ouest ou de la Baltique :* le Tornéa, la Néva qui passe à Saint-Pétersbourg, la Dvina occidentale, le Niémen et la Vistule. *Versant du Sud :* le Pruth, *affluent du Danube,* le Dniester, le Dniéper grossi de la Bérésina arrose Smolensk, Mohilev, Kiev, et Ekaterinoslav ; le Don se jette dans la mer d'Azof après avoir traversé le pays des Cosaques ; le Kouban sépare la Circassie de la province du Caucase. *Versant de l'Est ou de la mer Caspienne :* le Volga arrose Kasan, Astrakan et se jette dans la mer Caspienne, enfin l'Oural est un affluent de la même mer.

62   **Lacs.** — Imandra, Onéga, Ladoga, Peypous, Ilmen, et les marais de Pinsk.

63   **Montagnes.** — La ligne de partage des eaux, qui traverse la Russie du N.-E. au S.-O., prend naissance dans les Ourals, qui séparent l'Europe de l'Asie, atteint le plateau de Waldaï, et va se rattacher à la chaîne des Carpathes par les collines de Pologne. Au nord les monts Olonetz lient cette chaîne aux Dophrines ; et au sud les montagnes du Volga l'unissent au Caucase qui lui-même se lie par ses contre-forts aux montagnes de l'Arménie.

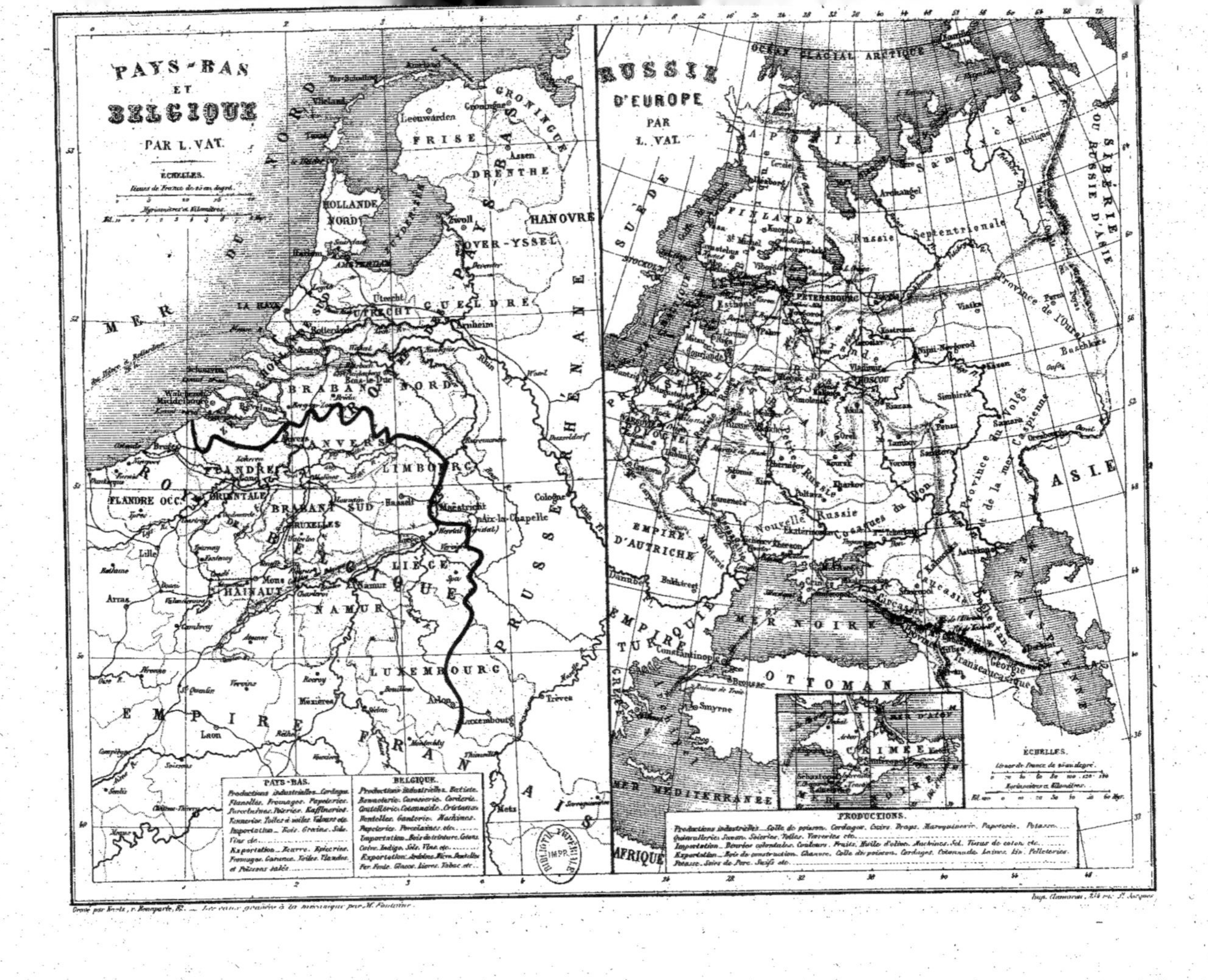

PAYS-BAS ET BELGIQUE
PAR L. VAT.
ÉCHELLES.
RUSSIE D'EUROPE
PAR L. VAT.
OCÉAN GLACIAL ARCTIQUE
SIBÉRIE OU RUSSIE D'ASIE
MER DU NORD
GRONINGUE
FRISE
DRENTHE
HOLLANDE NORD
HANOVRE
OVER-YSSEL
UTRECHT
GUELDRE
LA HAYE
BRABANT NORD
ANVERS
FLANDRE ORIENTALE
LIMBOURG
FLANDRE OCC.
BRABANT SUD
BRUXELLES
Maestricht
Aix-la-Chapelle
Cologne
LIÉGE
HAINAUT
NAMUR
BELGIQUE
PRUSSE RHÉNANE
LUXEMBOURG
EMPIRE FRANÇAIS
Lille
Arras
Laon
Metz
Trèves
SUÈDE
FINLANDE
Russie Septentrionale
Archangel
PÉTERSBOURG
MOSCOU
Nouvelle Russie
Petite Russie
Province de l'Oural
Bachkirs
ASIE
Province de la mer Caspienne
EMPIRE D'AUTRICHE
EMPIRE TURQUIE OTTOMAN
MER NOIRE
Constantinople
Smyrne
Transcaucasie
Géorgie
MER MÉDITERRANÉE
AFRIQUE
CRIMÉE
MER D'AZOF
Sébastopol
ÉCHELLES.
PAYS-BAS.
Productions industrielles. Cordages.
Flanelles. Fromages. Papeteries.
Sucreries. Poterie. Raffineries.
Rouverie. Toiles et voiles Tabacs etc.
Importation. Bois. Grains. Soie.
Vins etc.
Exportation. Beurre. Epiceries.
Fromages. Garance. Toiles. Viandes.
et Poissons salés.
BELGIQUE.
Productions industrielles. Batiste.
Bonneterie. Carrosserie. Corderie.
Cristallerie. Cotonnade. Cristaux.
Dentelles. Ganterie. Machines.
Papeterie. Porcelaines etc.
Importation. Bois de teinture. Cuirs.
Cuivre. Indigo. Sels. Vins etc.
Exportation. Ardoise. Fers. Dentelles.
Fer. Fonte. Glaces. Livres. Tabac etc.
PRODUCTIONS.
Productions industrielles. Colle de poisson. Cordages. Cuirs. Draps. Maroquinerie. Papeterie. Potasse.
Quincaillerie. Savon. Soierie. Toiles. Verreries etc.
Importation. Denrées coloniales. Couleurs. Fruits. Huile d'olive. Machines. Sel. Tissus de coton etc.
Exportation. Bois de construction. Chanvre. Colle de poisson. Cordages. Cotonnade. Laines. Lin. Pelleteries.
Potasse. Suivs de Porc. Suifs etc.

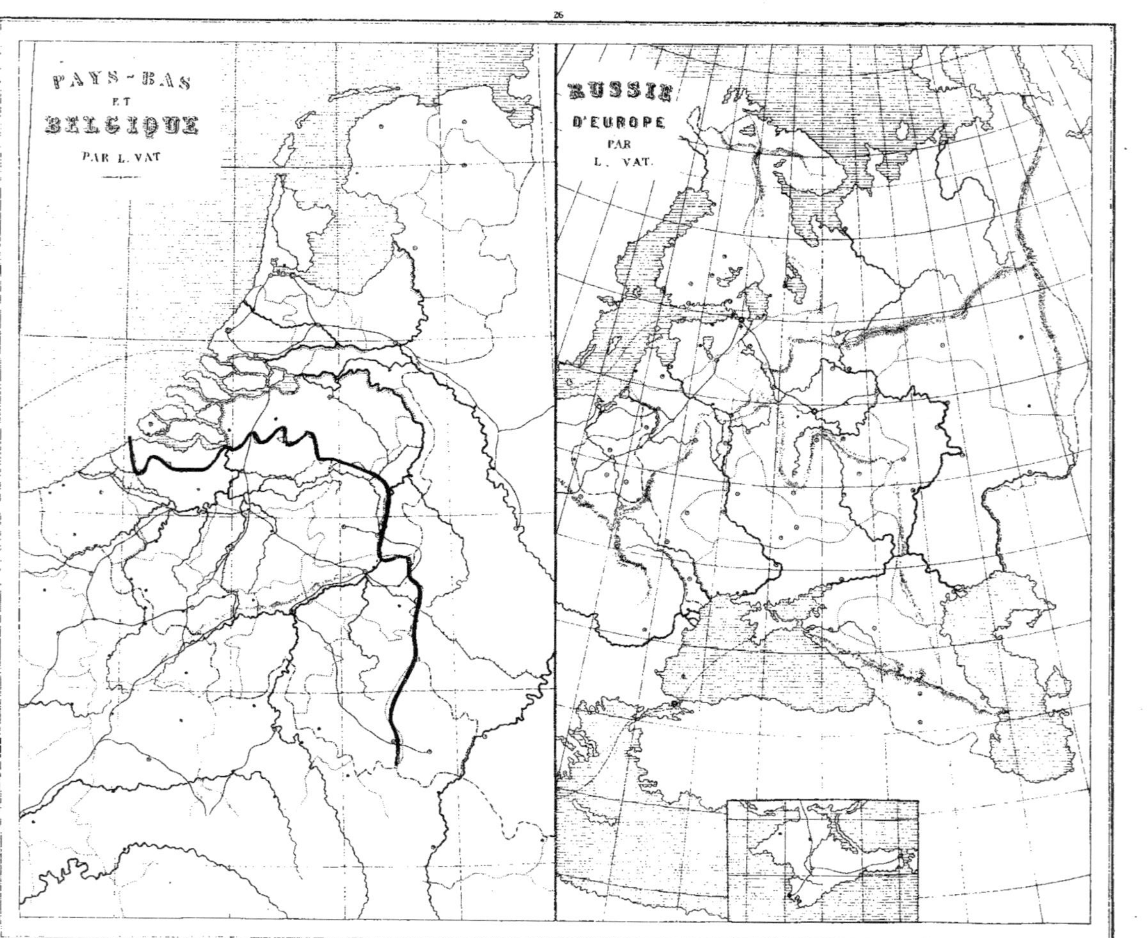
PAYS-BAS
ET
BELGIQUE
PAR L. VAT
RUSSIE
D'EUROPE
PAR
L. VAT.

ROYAUME DE PRUSSE

PARTIE POLITIQUE

1 **Population.** — 18.500,000 habitants.

2 **Races.** — Germanique, slave et franque.

3 **Religion.** — Dans les provinces occidentales, la religion catholique domine; dans les provinces orientales, c'est la religion évangélique luthérienne, mais la liberté de conscience est partout illimitée.

4 **Gouvernement.** — La Prusse est monarchique constitutionnelle; elle fait partie de la Confédération germanique pour toutes ses provinces, excepté pour celles de la Prusse propre et du grand-duché de Posen. En l'absence du plénipotentiaire d'Autriche, celui de la Prusse préside la Diète.
Guillaume 1er depuis 1861.

5 **Limites.** — La Prusse Rhénane a pour bornes : au N., le royaume de Hanovre; à l'O., la Hollande ou Pays-Bas et la Belgique; au S., la France; à l'E., la Bavière rhénane, la Hesse grand-ducale, le duché de Nassau et la Hesse électorale.
La Prusse orientale est limitée : au N., par la mer Baltique; à l'O., par le grand-duché de Mecklembourg, le royaume de Hanovre, le duché de Brunswick, la Hesse électorale; au S., par la Saxe ducale, le royaume de Saxe, la Bohême et la Moravie; à l'E., par la Pologne et la Russie.

6 **Divisions.** — Le royaume de Prusse est donc formé de deux parties séparées par des pays étrangers ; il comprend 8 provinces, dont 6 font partie de la Confédération germanique, savoir : à l'O. du Weser, la WESTPHALIE, *Minden*, Munster, *Paderborn*; le GRAND-DUCHÉ DU BAS-RHIN ou PROVINCE RHÉNANE; *Crevelt, Elberfeld, Cologne sur le Rhin, Aix-la-Chapelle*, Coblentz au *Confluent de la Moselle et du Rhin; Trèves.*

7 A l'E. du Weser, la POMÉRANIE, *Stralsund, Kœslin*, Stettin; les PROVINCES DE SAXE : Magdebourg, *Halberstadt, Halle, Lutzen*; le BRANDEBOURG, BERLIN, *cap. du royaume, sur la Sprée*, à 800 *kil. de Paris*, Postdam, *Francfort-sur-l'Oder*; la SILÉSIE, *Glogau, Liegnitz* et Breslau.

8 Deux provinces sont indépendantes de la Confédération; ce sont : les PROVINCES DE PRUSSE : *Tilsit,* Kœnigsberg, *Friedland et Eylau, Dantzig port sur la Baltique, Thorn sur la Vistule;* le GRAND-DUCHÉ DE POSEN, Posen.

9 **Iles.** — Dans la Baltique : I. Rugen, I. *Ussedom* et I. *Wollin.*

10 **Canaux.** — Le canal de Bromberg, entre l'Oder et la Vistule; le canal de Frédéric-Guillaume, qui joint la Sprée à l'Oder, et unit ainsi l'Oder à l'Elbe.

11 **Chemins de fer.** — Les chemins de fer de la Prusse forment deux systèmes : le système rhénan ou de Cologne, et le système prussien. Le système rhénan passe à Paderborn et aboutit à *Arnheim en Hollande;* une ligne s'en détache et va sur Munster et Emden, une autre sur Cologne et Aix-la-Chapelle où elle se lie au réseau belge. Le système prussien ou de Berlin forme cinq lignes qui partent de cette capitale : 1° la ligne du N.-E. sur Stettin, Bromberg et Kœnigsberg, avec embranchements sur Posen et sur Dantzig; 2° la ligne du N.-O , qui mène à *Hambourg;* 3° la ligne du S.-O., sur Postdam, Magdebourg, *Hanovre* et sur le système rhénan; 4° la ligne du S., qui conduit, d'une part, à Leipzig, de l'autre au *lac de Constance* et enfin à *Dresde*, où elle se relie à la *ligne bavaroise;* 5° la ligne du S.-E., qui conduit à Francfort-sur-l'Oder, Breslau et *Vienne, en Autriche.*

PARTIE PHYSIQUE

Aspect général. — Climat. — *La plus grande partie de la Prusse est une plaine; l'ouest et le sud seulement sont couverts de montagnes. Les bords de la Baltique n'offrent que des baies et des lacs. Le sol n'est pas partout également fertile, mais ses produits suffisent pour l'entretien de sa nombreuse population. — Le climat est trop froid pour la culture de la vigne, cependant la partie sud de la Prusse rhénane produit des vins estimés.*

12 **Superficie.** — 279,426 kilomètres carrés:

13 **Mers.** — La mer Baltique est la seule qui baigne les côtes septentrionales de la Prusse.

14 **Golfe.** — G. de Dantzig.

15 **Fleuves.** — *Versant du N.-O.* Le Rhin, grossi de la Moselle, l'Ems et le Weser, l'Elbe, qui reçoit la Mulde, la Saale et le Havel grossi de la Sprée, l'Oder grossi de la Varthe, la Vistule et le Niémen.

16 **Montagnes.** — A l'O. de la Saxe on voit les montagnes du Harz; le S. de la Silésie est limité par un contrefort de la ligne de faîte de l'Europe, et où se trouvent les monts Sudètes et les monts des Géants.

ALLEMAGNE ou CONFÉDÉRATION GERMANIQUE

PARTIE POLITIQUE

17 **Population.** — 45,000,000 d'habitants.

18 **Races.** — Germanique, slave et franque.

19 **Religion.** — Le catholicisme y est professé par 21,000,000 d'habitants et le protestantisme par 11,000,000; le reste appartient à la religion judaïque et à d'autres sectes.

20 **Gouvernement fédératif.** — Les affaires d'un intérêt général sont traitées dans une assemblée ou diète, qui se réunit à Francfort-sur-le-Mein.

21 **Limites.** — Au N. la mer Baltique, le Danemark et la mer du Nord; à l'O. la Hollande ou Pays-Bas, la Belgique, la France et la Suisse; au S. l'Italie, la Vénétie et la mer Adriatique; à l'E. l'Autriche, la Pologne et la Prusse.

22 **Divisions.** — La Confédération germanique se compose de 35 États confédérés, mais indépendants les uns des autres. Quatre de ces États n'y entrent que pour une partie de leur territoire : 1° le DANEMARK pour les DUCHÉS DE HOLSTEIN et de LAUENBOURG: 2° la HOLLANDE pour le LIMBOURG et le GRAND-DUCHÉ DE LUXEMBOURG; 3° la PRUSSE pour la WESTPHALIE, la PROVINCE RHÉNANE, la POMÉRANIE, le BRANDEBOURG, la PROVINCE DE SAXE et la SILÉSIE; 4° l'AUTRICHE pour la BOHÊME, la MORAVIE, le DUCHÉ DE SILÉSIE, la HAUTE-AUTRICHE, la BASSE-AUTRICHE, le DUCHÉ DE SALZBOURG, la STYRIE, le TYROL, la CARINTHIE, la CARNIOLE et le LITTORAL ILLYRIEN.

23 Les 31 autres États se composent de 4 royaumes, un électorat, 6 grands-duchés, 8 duchés, 13 principautés et 4 villes libres. Voici les principaux dans l'ordre géographique : LUBECK et HAMBOURG, *villes anséatiques* (1) ; les GRANDS-DUCHÉS DE MECKLEMBOURG; *Rostock,* à 16 *kil. de la Baltique,* Gustrow, Schwerin, *cap.,* et New-Strelitz; le GRAND-DUCHÉ D'OLDENBOURG avec Oldenbourg pour *cap.;* BRÊME, *ville anséatique et libre, sur le Weser.*

24 **Le royaume de Hanovre** (Georges V, depuis 1851) : *Stade, Emden, Lunebourg, Osnabruck,* Hanovre, *cap., Hildesheim, Klausthal, Gœttingue.* Le DUCHÉ DE BRUNSWICK : Brunswick; la HESSE ÉLECTORALE : Cassel, *cap., Fuld,* la SAXE DUCALE, *Eisenach, Gotha,* Weimar, *cap., Iéna, Cobourg.*

25 **Le royaume de Saxe** (Jean, depuis 1854) : *Leipzig, Meissen-sur-l'Elbe, Bautzen,* Dresde *sur l'Elbe, cap.,* et *Freiberg.* Le DUCHÉ DE NASSAU : Wiesbaden , *cap.* FRANCFORT-SUR-LE-MEIN, *ville libre,* à 847 *kil. de Paris.* Le GRAND-DUCHÉ DE LA HESSE DUCALE : *Mayence,* Darmstadt.

26 **Le royaume de Bavière** (Louis II, depuis mars 1864); il comprend : 1° la BAVIÈRE RHÉNANE, sur la rive gauche du Rhin, Spire, *cap., Deux-Ponts et Landau*; 2° la BAVIÈRE PROPRE, *Bamberg, Nuremberg, Ratisbonne, Nordlingen, Passau, Augsbourg* et Munich, *cap.*

27 **Le grand-duché de Bade** : *Manheim sur le Rhin,* Carlsruhe, *cap.* ; *Rastadt et Baden-*

(1) Ce sont des villes qui forment entre elles une alliance commerciale.

Baden. Le Royaume de Wurtemberg (Charles-Frédéric-Alexandre, depuis juin 1864); *Heilbronn*, Stuttgard, *cap.*, et Ulm.

28 **Canaux.** — Le canal de Lauenbourg à Lubeck joint l'Elbe à la mer Baltique; le canal Louis joint le Rhin au Danube par le Mein.

29 **Chemins de fer.** — La ligne rhénane part de Bâle et aboutit à *Arnheim (Hollande)*; elle s'unit, au pont de Kehl, à la *ligne française de Strasbourg*, et passe à Carlsruhe, Cassel,

Paderbonn et Wesel; une de ses branches se soude, à Cologne, à la *ligne de Belgique*, et à celle du *Nord de la France*, et à Cassel, un embranchement va sur Berlin. A Hanovre se rencontre la ligne qui rattache la ligne rhénane au système prussien, en passant par Brunswick, et dont se détachent deux embranchements, l'un sur Brême, et l'autre sur Hambourg et le *Danemark*. Au N. de Curlsruhe, un autre embranchement se dirige sur *Vienne* par Stuttgard et Munich.

PARTIE PHYSIQUE

Aspect général. — **Climat**. — *L'Allemagne offre au nord de vastes plaines, et elle est montagneuse au couchant et au sud.* — *Le climat, tempéré en général, est humide et variable au nord, rude dans les montagnes, doux et sec au sud. Le sol est très-fertile et produit des céréales en abondance.*

30 **Superficie.** — 640,000 kilomètres carrés.

31 **Mers.** — Au N., la mer du Nord et la mer Baltique.

32 **Fleuves.** — Les principaux sont : *dans le versant de la Baltique*, la Trave qui passe à Lubeck; *dans le versant de la mer du Nord*, l'Elbe qui reçoit la Mulde et la Saale; le Weser qui arrose Brême ; l'Ems; le Rhin, qui traverse le lac de Constance, passe à Mayence, à Wiesbaden, et reçoit le Mein sur sa rive gauche, la Meuse qui traverse le Limbourg; *dans le versant de l'Adriatique*, l'Adige qui arrose Trente ; enfin, *dans le versant de la mer Noire*, le Danube qui prend sa source dans la Forêt-Noire dans le grand-duché de Bade, et passe à Ratisbonne.

33 **Lacs.** — Le lac Muritz, dans le *Mecklembourg-Schwerin*, le lac Varm et le lac de Chiem *dans la Haute Bavière*, le lac de Constance au S. du Wurtemberg.

34 **Montagnes.** — Dans la ligne de partage des eaux de l'Europe, on trouve dans l'Allemagne propre, les monts de Bohême, les montagnes des Pins, les Alpes de Souabe, les monts Vorarberg et les Alpes de Constance, dont le prolongement en Suisse forme les Grisons. Les branches les plus importantes de cette chaîne sont, au N., les monts Erz-Gebirge ou des Mines, les monts de Thuringe et les montagnes du Harz, et à l'O., les monts de la Forêt-Noire.

EMPIRE D'AUTRICHE

PARTIE POLITIQUE

35 **Population.** — 37,000,000 d'habitants.

36 **Races.** — Les Allemands, les Italiens, les Magyars ou Hongrois, et les Slaves forment 4 familles principales.

37 **Religions.** — On trouve en Autriche sept confessions différentes. L'Église catholique romaine est prédominante (24,000,000); on compte 3,600,000 catholiques grecs et arméniens, 3,183,000 protestants des différentes confessions, 1,050,000 juifs.

38 **Gouvernement.** — Il est monarchique et absolu. François-Joseph Ier, depuis 1848.

39 **Limites.** — Au N. la Pologne, la Prusse et la Saxe; à l'O. la Bavière, la Suisse et l'Italie, dont elle est séparée par le Mincio; au S. le Pô, la mer Adriatique, la Turquie et les Principautés Danubiennes; à l'E. la Moldavie, qui fait encore partie des Principautés Danubiennes, et la Russie.

40 **Divisions.** — L'Autriche comprend : 1° onze provinces dans la Confédération ; ce sont : la Bohême, la Moravie, le duché de Silésie, la Haute-Autriche, la Basse-Autriche, le duché de Salzbourg, la Styrie, le Tyrol, la Carinthie, la Carniole et le Littoral Illyrien. 2° hors la Confédération, on distingue : la Galicie, le duché de Bukovine, la Hongrie, la Transylvanie, la Woïvodie de Serbie, le Banat de Temes, la Croatie, l'Esclavonie et la Dalmatie. 3° la Vénétie en Italie.

41 **Villes et lieux célèbres.** — En Bohême : Prague *cap.* sur la Moldau, *Tœplitz* et *Sedlitz*. En Moravie : Brunn *cap.*, *Olmutz*, *Austerlitz*. Dans la Silésie : *Troppau*. Dans la Haute-Autriche: Lintz. Dans la Basse-Autriche : Vienne, *cap. de tout l'empire, à* 1398 *kil. de Paris*.

42 Dans le duché de Salzbourg : *Salzbourg*. Dans la Styrie : Gratz. Dans le Tyrol : Inspruck, *Botzen et Trente*. Dans la Carinthie : Klagenfurth. Dans la Carniole : Laybach. Dans le Littoral Illyrien : *Goritz* et Trieste.

43 En Galicie : Cracovie *sur la Vistule, Wieliezka, Bochnia* et Lemberg *cap*. Dans le duché de Bukovine : *Tschernowitz*. Dans la Hongrie : Presbourg *cap.*; *Schemnitz, Tokay, Erlau*, Bude ou Ofen, *sur la rive droite du Danube*, Pesth, *sur la rive gauche. Debretzin et Albe-Royale*. Dans la Transylvanie : Klausenbourg, *Carlsbourg, Hermanstadt* et *Kronstadt*. Dans la Woïvodie de Serbie : *Zumber*. Dans le Banat de Temes : Temesvar.

44 Dans la Croatie : Agram. Dans l'Esclavonie : Eszek, Peterwaradin, *Carlowitz*. Dans la Dalmatie: Zara, et Raguse au Sud. Dans la Vénétie : Venise, sur l'Adriatique, *Campo-Formio, Vérone, Peschiera, Mantoue et Legnano*.

45 **Iles.** — Dans l'Adriatique : Veglia, Cherso, Pago, Grossa, Brazza, Lesina, Corzula, Méléda, etc.

46 **Canaux.** — Le canal de Pesth, qui joint le Danube à la Theiss : le canal de François II, qui réunit, plus au sud, les deux mêmes fleuves.

47 **Chemins de fer.** — Le Nord-Ferdinand, qui part de Vienne et rejoint le *chemin de fer prussien de Breslau*, par lequel on arrive à Cracovie; il a un embranchement: 1° de Vienne à Presbourg, Pesth, etc.; 2° de Vienne à Brunn, Prague, et rejoint le chemin de fer de Dresde. La ligne du Sud va de Vienne à Laybach par Gratz : elle a été prolongée jusqu'à Trieste et Venise.

PARTIE PHYSIQUE

Aspect général. — **Climat**. — *L'Autriche est un pays éminemment montagneux; les plaines les plus considérables sont celles de la Galicie, de la Hongrie et de la Vénétie. Le sol est presque partout fertile; la culture des vers à soie, les pâturages et les mines y sont des sources de richesses.* — *Le climat est généralement malsain, mais il varie dans les différentes provinces, selon leur situation plus ou moins élevée.*

48 **Superficie.** — 648,502 kilomètres carrés, y compris la Vénétie.

49 **Mers.** — L'Adriatique est la seule mer qui baigne les côtes de l'Autriche.

50 **Golfes.** — De Venise et de Trieste.

51 **Fleuves.** — *Versant de la Baltique* : la Vistule qui passe à Cracovie et l'Oder. *Versant de la mer du Nord* : l'Elbe traverse la Bohême, reçoit la Moldau, et va se jeter dans la mer du Nord. Le Rhin, avant d'entrer dans le lac de Constance, forme une petite partie de la limite occidentale de l'Autriche du côté de la Suisse.

52 *Versant de l'Adriatique* : le Pô et l'Adige, en Vénétie (le Pô y reçoit le Mincio, qui arrose Mantoue). *Versant de la mer Noire* : le Danube reçoit, en Autriche, l'Inn et l'Ens, R. D; il passe à Vienne, reçoit le Raab, la Drave, grossie de la Muhr R. D, la Theiss R. G,

la Save R. D, et le Pruth R. G, et se jette dans la mer Noire après un cours d'environ 2,800 kilom., le Dniester traverse toute la Galicie orientale et se jette aussi dans la mer Noire.

53 **Lacs.** — De Constance, dans le bassin du Rhin ; de Garde, dans le bassin du Pô ; de Neusiédel et de Balaton, dans le bassin du Danube.

54 **Montagnes.** — La grande ligne de faîte de l'Europe comprend, en Autriche, les Carpathes Centrales, les monts Sudètes, les monts de Moravie, les monts de Bohême, avec les monts des Géants et les monts Métalliques pour contreforts; cette chaîne se lie, à l'E., aux Carpathes Orientales, et forme à l'O. les Alpes Orientales, qui sont composées des Alpes Rhétiques, Noriques, Carniques, Juliennes, Dinariques, etc.

CONFÉDÉRATION GERMANIQUE.
PRUSSE.
AUTRICHE.
ÉCHELLES.
CARTE
DE
L'ALLEMAGNE
comprenant
LA CONFÉDÉRATION GERMANIQUE
LA PRUSSE
et
L'AUTRICHE
PAR L. VAT.
MER DU NORD
MER D'ALLEMAGNE
MER BALTIQUE
MER MÉDITERRANÉE
MER ADRIATIQUE
SUÈDE
DANEMARK
Jutland
Seeland
HOLLANDE
BELGIQUE
BRUXELLES
EMPIRE FRANÇAIS
SUISSE
BERNE
HOLSTEIN
MECKLEMBOURG
POMÉRANIE
PROVINCES DE PRUSSE
Königsberg
ROYAUME DE HANOVRE
PRUSSE
BRANDEBOURG
BERLIN
Stettin
PLOCK
Plock
POLOGNE
VARSOVIE
RADOM
LUBLIN
Lublin
CONFÉDÉRATION
GERMANIQUE
SILÉSIE
BAVIÈRE
WURTEMBERG
Munich
BOHÊME
Prague
MORAVIE
Brünn
GALICIE
Tchernowitz
Dché de
Bukovine
EMPIRE D'AUTRICHE
VIENNE
STYRIE
SALZBOURG
CARINTHIE
Klagenfurth
HONGRIE
Bude ou Ofen et Peth
TRANSYLVANIE
Klausenbourg
CARNIOLE
CROATIE
ESCLAVONIE
Banat de Temes
Temesvar
Woïvodie de Serbie
LITTORAL ILLYRIEN
VÉNÉTIE
TURIN
Milan
Parme
PRINCIPAUTÉS DANUBIENNES
TURQUIE

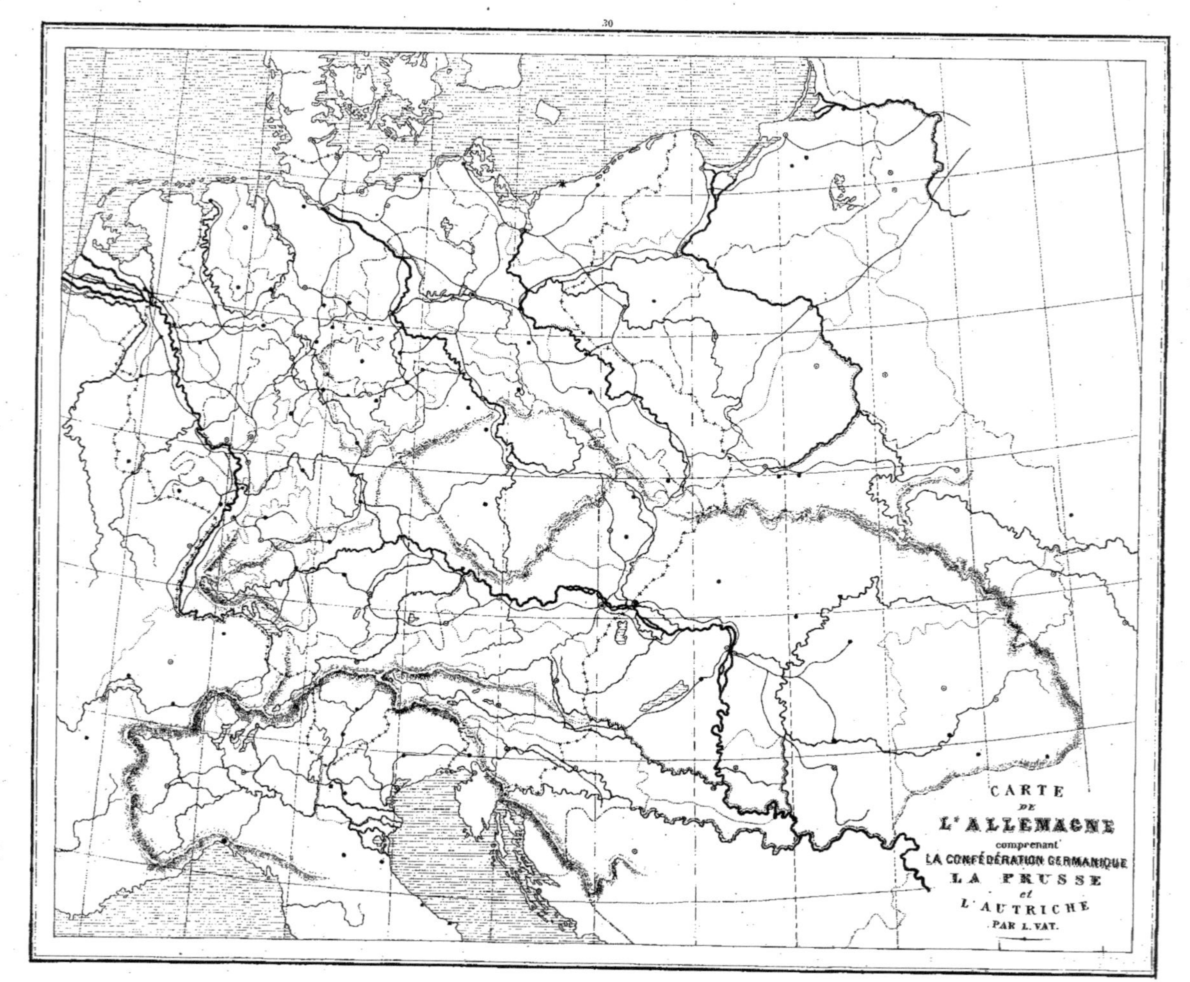

CARTE
DE
L'ALLEMAGNE
comprenant
LA CONFÉDÉRATION GERMANIQUE
LA PRUSSE
et
L'AUTRICHE
PAR L. VAT.

EMPIRE FRANÇAIS

PARTIE POLITIQUE

1 **Population.** 37,382,225 habitants.

2 **Latitude.** 42° 16' et 51° 5' N.

3 **Longitude.** 7° 9' O. et 5° 56' E.

4 **Étendue.** De Dunkerque (*Nord*) au cap Cerbère (*Pyrénées-Orientales*), 980 kil. ; du cap Saint-Mathieu (*Finistère*) au département du Bas-Rhin, 935 kil.

5 **Races.** Celtique, normande, germanique et romaine.

6 **Religions.** La très-grande majorité de la France est catholique. Ce culte comprend 86 dioc., dont 17 archev. et 69 évêch. On trouve des Luthériens à l'Est : leur consistoire est à Strasbourg ; des Calvinistes dans lo Midi : ils ont à Montauban une faculté de théologie. Les Juifs ou Israélites, qui sont répandus partout, ont un consistoire central à Paris.

7 **Gouvernement.** Il est monarchique et héréditaire : Napoléon III est empereur depuis le 2 décembre 1852.

8 **Limites générales.** Au N. la Belgique, la mer du Nord, le Pas-de-Calais, qui sépare la France de l'Angleterre, la Manche ; — à l'O. l'océan Atlantique et le golfe de Gascogne ; — au S. les Pyrénées qui la séparent de l'Espagne, la M. Méditerranée ; — à l'E. les Alpes qui la séparent de l'Italie, la Suisse, l'Allemagne et la Prusse rhénane.

9 **Origine et but de la division de la France en Départements.** En 1789 l'Assemblée nationale, qui voulait anéantir jusqu'aux noms des anciennes provinces, parce qu'ils rappelaient des usages et des privilèges que la Révolution venait de détruire, décréta que le territoire français serait partagé désormais en départements. Ils sont aujourd'hui portés au nombre de 89.

(*Explication des signes :* ‡ archevêché, † évêché, **A.** académie. **C.** cour impériale, **PC.** port de commerce, **PM.** port militaire, **VC.** ville commerçante, **VF.** ville fortifiée, **VM.** ville manufacturière.

(N. B. *Les noms écrits en caractères italiques ne s'apprendront point par cœur.*)

10 ### Bassin du Rhin.

9 DÉPARTEMENTS.

11 HAUT-RHIN, COLMAR **C.** (*toiles peintes*) ; Belfort **VF.**, Mulhouse (*toiles peintes*). — *Sainte-Marie-aux-Mines (argent, cuivre et plomb), Altkirk.*

12 BAS-RHIN, STRASBOURG *sur l'Ill* † **A. VF.** et c. (*quincaillerie ; — faculté de médecine, fonderie de canons*) ; Wissembourg **VF.**, Saverne, Schelestadt **VF.**

13 VOSGES, ÉPINAL *sur la Moselle* (*papeteries*) ; Neufchâteau, Mirecourt, Saint-Dié †, Remiremont. — *Plombières (eaux minérales).*

14 MEURTHE, NANCY *près de la Meurthe* † **A. C.** (*broderies*) : Château-Salins (*salines*), Toul, Sarrebourg, Lunéville (*cuirs*). — *Baccarat (cristaux).*

15 MOSELLE, METZ *sur la Moselle* † **C. VF.** et c. (*broderies*) ; Thionville **VF.**, Briey, Sarreguemines (*faïence rouge*).

16 MEUSE, BAR-LE-DUC *sur l'Ornain* (*confitures*) ; Montmédy **VF.**, Verdun † (*dragées*), Commercy.

17 ARDENNES, MÉZIÈRES *sur la Meuse*, **V.** ; Rocroy **VF.**, Sedan **VF** (*draps*), Réthel, Vouziers. — *Givet **VF**, Fumay (ardoises), Charleville (quincaillerie).*

18 NORD, LILLE **VF.** et c. (*dentelles, toiles, velours*) ; Dunkerque **VF. PC.**, Hazebrouck, Douai **A. C. VF.** (*fonderie de canons ; toiles*), Valenciennes **VF.** (*batiste, dentelles*), Cambrai ‡ **VF.** (*batiste, dentelles, toiles*), Avesnes **VF.** — *Roubaix, Condé **VF.**, Anzin (charbon de terre) ; Maubeuge sur la Sambre **VF.** (armes).*

19 PAS-DE-CALAIS, ARRAS *sur la Scarpe* † **VF.** (*huile de graines*) ; Saint-Omer **VF.**, Boulogne **VF. PC.**, Béthune **VF.**, Montreuil, Saint-Pol. — *Calais **VF. PC.**, Aire **VF.***

20 ### Bassin de la Seine.

17 DÉPARTEMENTS.

21 CÔTE-D'OR, DIJON † **A. C.** ; Châtillon-sur-Seine. Sémur, Beaune **VC.** (*vins*). — *Auxonne **VF.**, Chambertin, Nuits, Pomard et Volnay près de Beaune (vins).*

22 AUBE, TROYES † **VM.** (*bonneteries, draps, toiles*) ; Arcis-sur-Aube, Nogent-sur-Seine, Bar-sur-Aube, Bar-sur-Seine. — *Brienne.*

23 YONNE, AUXERRE *sur l'Yonne* ; Sens ‡, Joigny, Tonnerre (*vins*), Avallon. — *Chablis (vins blancs).*

24 HAUTE-MARNE, CHAUMONT *près de la Marne* **VF.** (*ganterie*) ; Vassy, Langres † **VF.** (*coutellerie, quincaillerie*). — *Saint-Dizier (fonderies), Bourbonne-les-Bains (eaux minérales).*

25 MARNE, CHALONS *sur la Marne*, Reims ‡ (*biscuits, casimirs, laines, vins, — cathédrale*). Épernay (*vins de Champagne*), Sainte-Menehould, Vitry-le-Français, **VF.** — *Montmirail (victoire en 1814).*

26 SEINE-ET-MARNE, MELUN *sur la Seine* ; Meaux † (*fromages de Brie*), Coulommiers **VC.** (*blé*), Provins, Fontainebleau (*belle forêt, château impérial*). — *Nemours, Montereau (faïence).*

27 SEINE, PARIS, *cap. de la France* ‡ **A. C. VF.** m. et c. (*Sainte-Geneviève, Hôtel-de-Ville, Invalides, le Louvre et les Tuileries, la Madeleine et Notre-Dame*, 1,576,000 *habitants*) ; Saint-Denis (*ancienne abbaye*), Sceaux (*marché de bestiaux*). — *Neuilly-sur-Seine, Alfort (école vétérinaire), Choisy-le-Roi (cristaux).*

28 AISNE, LAON **VF.** ; Saint-Quentin **VM** (*batiste, gazes, lins, mousselines*), Vervins (*filatures, flanelles, — traité de 1598*), Soissons † **VF.**, Château-Thierry *sur la Marne*. — *Saint-Gobain (glaces), La Ferté-Milon.*

29 OISE, BEAUVAIS *sur le Thérain* † (*tapis, — cathédrale*) ; Compiègne (*château impérial, forêt*), Clermont, Senlis. — *Noyon, Creil (faïence).*

30 SEINE-ET-OISE, VERSAILLES † (*château impérial, musée historique, — horlogerie*) ; Pontoise *sur l'Oise*, Mantes *sur la Seine*, Rambouillet (*château impérial*), Corbeil, Étampes **VC.** (*farines*). — *Poissy (naissance et baptême de saint Louis), Saint-Germain (château, forêt), Sèvres (porcelaine), Saint-Cloud et Meudon (châteaux impériaux), Saint-Cyr (école militaire).*

31 EURE-ET-LOIR, CHARTRES *sur l'Eure* † (*grains, — cathédrale*) ; Dreux (*bataille de 1562*), Nogent-le-Rotrou, Châteaudun *sur le Loir.*

32 EURE, ÉVREUX † **VC.** ; Pont-Audemer **VM.**, Les Andelys, Louviers (*draps*), Bernay. — *Quillebeuf, Ivry (victoire de Henri IV, 1590).*

33 SEINE-INFÉRIEURE, ROUEN *sur la Seine* ‡ **C. VM. PC.** (*filatures, rouenneries*) ; Dieppe **PC.** (*ouvrages en ivoire*), Neufchâtel (*fromages*), Yvelot **VM.**, Le Havre **VF. PC.**, — *Le Tréport **PC.**, Saint-Valery-en-Caux, Elbeuf (draps).*

34 SOMME, AMIENS sur la Somme † C. (casimirs, toiles velours, etc.); Abbeville (moquettes, quincailleries, toiles), Doullens Vf., Péronne vf., Montdidier. Saint-Valery-sur-Somme, Ham (château-fort).

35 ORNE, ALENÇON sur la Sarthe, Vm. (dentelles, toiles); Argentan sur l'Orne (dentelles), Domfront, Mortagne (toiles). — L'Aigle (épingles, quincaillerie), Séez †.

36 CALVADOS, CAEN sur l'Orne, A. C. Vc. (dentelles); Bayeux † (dentelles), Pont-l'Évêque, Lisieux (cretonne, toiles), Vire (draps), Falaise (bonneterie). — Honfleur PC.

37 MANCHE, SAINT-LÔ sur la Vire (toiles); Cherbourg, préfecture maritime, Pm., Valognes, Coutances †, Avranches, Mortain. — Granville PC. Vf. (huîtres), Mont-Saint-Michel (château-fort).

Bassin de la Loire.

38

21 DÉPARTEMENTS.

39 HAUTE-LOIRE, LE PUY † (dentelles); Brioude sur l'Allier, Yssengeaux (mines de plomb).

40 LOIRE, SAINT-ÉTIENNE (coutellerie, houillères, quincaillerie, rubannerie); Roanne sur la Loire (toiles), Montbrison. — Rive-de-Gier (produits métalliques, verrerie).

41 NIÈVRE, NEVERS (émaux, faïence, fers, quincaillerie); Clamecy sur l'Yonne, Cosne sur la Loire (coutellerie, vins), Château-Chinon.

42 PUY-DE-DÔME, CLERMONT-FERRAND † A. (coutellerie, papeterie. — Concile de 1095); Riom C., Thiers (coutellerie, papeterie et quincaillerie), Issoire sur l'Allier, Ambert (papeteries).

43 ALLIER, MOULINS sur l'Allier † (coutellerie); Montluçon sur le Cher (houillères), La Palisse, Gannat. — Bourbon-l'Archambault, Néris et Vichy (eaux minérales).

44 LOIRET, ORLÉANS sur la Loire † C. (raffineries de sucre, vinaigre, vins); Pithiviers (safran), Montargis à la jonction des canaux d'Orléans, de Briare et du Loing, Gien (faïence). — Beaugency (vins), Briare à la jonction du canal de Briare et de la Loire.

45 CHER, BOURGES ‡ C.; Sancerre, Saint-Amand-Mont-Rond sur le Cher, Vierzon (faïence, forges, porcelaines).

46 LOIR-ET-CHER, BLOIS sur la Loire † (château, — cuirs); Vendôme sur le Loir, Romorantin en Sologne.

47 INDRE, CHATEAUROUX sur l'Indre (draps, fers, laines); Issoudun (draps), Le Blanc sur la Creuse, La Châtre.

48 INDRE-ET-LOIRE, TOURS sur la Loire ‡ (pruneaux, soieries); Chinon sur la Vienne, Loches. — Amboise (château).

49 CREUSE, GUÉRET; Boussac, Bourganeuf (porcelaines), Aubusson sur la Creuse (tapis).

50 HAUTE-VIENNE, LIMOGES sur la Vienne † C. (faïence, porcelaines); Bellac, Rochechouart, Saint-Yrieix (carrière de kaolin ou terre à porcelaine).

51 VIENNE, POITIERS † A. C. (tanneries); Loudun (vins), Châtellerault (coutellerie, quincaillerie), Montmorillon, Civray. — Vouillé (victoire de Clovis en 507).

52 SARTHE, LE MANS sur la Sarthe † (bougies, toiles, volailles); Mamers, Saint-Calais, La Flèche sur le Loir (prytanée militaire).

53 MAYENNE, LAVAL sur la Mayenne † (toiles); Mayenne (calicots, toiles), Château-Gonthier.

54 MAINE-ET-LOIRE, ANGERS sur la Maine † C. (ardoises); Segré, Baugé, Chollet (bœufs, toiles), Saumur sur la Loire (école de cavalerie).

55 LOIRE-INFÉRIEURE, NANTES † PC.; Châteaubriant, Savenay, Ancenis sur la Loire, Paimbœuf sur la Loire. — Le Croisic PC. (vins), Saint-Nazaire (magnifique bassin).

56 ILLE-ET-VILAINE, RENNES ‡ A. C. (toiles); Saint-Malo Vf. PC. Fougères, Montfort, Vitré près de la Vilaine, Redon. — Cancale (huîtres).

57 CÔTES-DU-NORD, SAINT-BRIEUC † VC.; Lannion, Guingamp Vm. (toiles), Dinan, Loudéac (toiles).

58 MORBIHAN, VANNES † PC.; Napoléonville sur le Blavet (toiles), Ploërmel, Lorient, préfecture maritime, Vf. pm. — Port-Louis, Quiberon, Auray (bataille en 1364), — I. de Groix (fort) et Belle-Isle (fort).

59 FINISTÈRE, QUIMPER †; Morlaix PC., Brest, préfecture maritime, Vf. Pm. (arsenal de marine), Châteaulin, Quimperlé. — I. d'Ouessant.

Bassin de la Garonne.

60

20 DÉPARTEMENTS.

61 HAUTE-GARONNE, TOULOUSE sur la Garonne ‡ A. C. (fonderie de canons); Muret, Villefranche-de-Lauraguais, Saint-Gaudens sur la Garonne (maroquins). — Bagnères-de-Luchon (eaux minérales).

62 ARIÉGE, FOIX sur l'Ariége; Pamiers †, Saint-Girons. — Tarascon, Ax (eaux minérales).

63 LOZÈRE, MENDE sur le Lot † (serges); Marvejols, Florac.

64 AVEYRON, RODEZ sur l'Aveyron † (laine); Espallion, Villefranche-de-Rouergue, Milhau sur le Tarn, Saint-Affrique. — Roquefort (fromages).

65 TARN, ALBI sur le Tarn ‡; Gaillac (vins), Lavaur (soieries), Castres (draps, gants).

66 TARN-ET-GARONNE, MONTAUBAN sur le Tarn † VC.; Moissac (farines), Castelsarrasin.

67 HAUTES-PYRÉNÉES, TARBES sur l'Adour; Bagnères-de-Bigorre (eaux minérales), Argelès. — Campan (marbre vert), Cauterets, Baréges (eaux minérales).

68 GERS, AUCH sur le Gers ‡; Condom, Lectoure, Mirande, Lombez.

69 CANTAL, AURILLAC (chaudronnerie, dentelles, — mulets); Mauriac, Murat, Saint-Flour †.

70 LOT, CAHORS sur le Lot † (vins); Gourdon, Figeac.

71 LOT-ET-GARONNE, AGEN sur la Garonne † C. (pruneaux, toiles); Marmande, Villeneuve-d'Agen, Nérac (château).

72 CORRÈZE, TULLE † (armes à feu, dentelles); Ussel, Brive-la-Gaillarde sur la Corrèze.

73 DORDOGNE, PÉRIGUEUX sur l'Isle † (truffes); Nontron, Ribérac (vins), Sarlat, Bergerac sur la Dordogne.

74 GIRONDE, BORDEAUX sur la Garonne ‡ Ac. PC. (vins, — beau port); Lesparre (vins), Blaye, Libourne PC., La Réole, Bazas. — Coutras (victoire de Henri IV, 1587), La Teste sur le bassin d'Arcachon.

75 Deux-Sèvres, Niort *sur la Sèvre niortaise* (gants); Bressuire, Parthenay, Melle (mulets). —

76 Vendée, Napoléon-Vendée; Sables-d'Olonne, Fontenay-le-Comte *sur la Vendée.* — Luçon †. — I. de Noirmoutier et I. d'Yeu *(fortifiées).*

77 Charente, Angoulême *sur la Charente* † *(distilleries, papeteries),* Ruffec, Confolens, Cognac *(eaux-de-vie),* Barbezieux. — Jarnac *(bataille de 1569).*

78 Charente-Inférieure, La Rochelle † Pc. Vf. *(raffineries de sucre);* Rochefort *sur la Charente, préfecture maritime,* Pm. *(arsenal de marine),* Saint-Jean-d'Angely, Marennes Pc., Saintes *(eaux-de-vie, — antiquités),* Jonzac. — I. de Ré et I. d'Oléron *(fortifiées).*

79 Landes, Mont-de-Marsan *sur la Midouze;* Dax *(eaux thermales),* Saint-Sever *sur l'Adour.* — Aire †.

80 Basses-Pyrénées, Pau C.; Bayonne † Vf. Pc. *(chocolat, jambons),* Orthez, Mauléon, Oloron Vc. — *Biarritz, Saint-Jean-Pied-de-Port, Eaux-Bonnes.*

81 **Bassin du Rhône.**

21 DÉPARTEMENTS.

82 Ain, Bourg-en-Bresse *(volailles);* Gex, Nantua, Trévoux *sur la Saône,* Belley †. — Seyssel *(mines d'asphalte).*

83 Doubs, Besançon *sur le Doubs* † A. C. Vf. *(horlogerie);* Montbéliard Vf. *(horlogerie),* Baume-les-Dames, Pontarlier *(fromages de gruyère, horlogerie).*

84 Jura, Lons-le-Saulnier *(salines);* Dôle *sur le Doubs,* Poligny, Saint-Claude † *(ouvrages en buis, corne et ivoire).* — Salins *(salines),* Arbois *(vins blancs),* Septmoncel *(taille de pierres précieuses).*

85 Haute-Saône, Vesoul; Lure, Gray *sur la Saône.* — Luxeuil *(eaux minérales).*

86 Saône-et-Loire, Macon *sur la Saône (vins);* Autun † *(antiquités),* Châlon-sur-Saône Vc; Louhans, Charolles. — *Le Creuzot (cristaux, forges),* Montcenis *(fer, houille).*

87 Rhône, Lyon *sur le Rhône, deuxième ville de France* † A. C. Af. et c. *(chapellerie, étoffes de soie, d'or et d'argent);* Villefranche-sur-Saône *(toiles peintes).* — Tarare *(broderies, mousselines).*

88 Isère, Grenoble *sur l'Isère* † A. C. Vf. *(ganterie);* Vienne *(draps),* La Tour-du-Pin, Saint-Marcellin. — *La Grande-Chartreuse,* Allevard *(mines de fer).*

89 Haute-Savoie, Annecy † *(poterie, quincaillerie, verrerie);* Thonon *sur le lac de Genève,* Saint-Julien, Bonneville. — *Chamonix, au pied du mont Blanc.*

90 Savoie, Chambéry † A. C. *(gazes de soie);* Albertville *sur l'Isère,* Moutiers *(sel gemme),* Saint-Jean-de-Maurienne † *(fromages).* — Aix-les-Bains, Tarantaise †. — *L'Hermitage (vins).*

91 Drôme, Valence *sur le Rhône,* † Vf. et c.; Die, Montélimart, Nyons. — *L'Hermitage (vins).*

92 Ardèche, Privas *(châtaignes, soies, truffes);* Tournon *sur le Rhône,* L'Argentière. — Annonay *(papeteries),* Saint-Péray *(vins),* Aubenas *(soie),* Viviers †.

93 Hautes-Alpes, Gap †; Briançon Vf, Embrun *sur la Durance,* Vf.

94 Basses-Alpes, Digne †; Barcelonnette, Sisteron, Vf. Forcalquier, Castellane. — Manosque *(grande industrie).*

95 Vaucluse, Avignon † Vm. *(château des papes, — soieries, toiles peintes);* Orange *(antiquités),* Carpentras, Apt.

96 Gard, Nîmes † C. *(antiquités romaines, amphithéâtre, Maison-Carrée. — soieries);* Alais *sur le Gard (houille, rubans de soie),* Uzès, Le Vigan. — *Pont-Saint-Esprit, Beaucaire (foire).*

97 Bouches-du-Rhône, Marseille, *troisième ville de France,* † Vf. Pc. *(grand commerce, savon, sucre, etc.);* Arles *(antiquités),* Aix ‡ A. C. *(eaux minérales, huile d'olive).*

98 Var, Draguignan *(draps, huile d'olive);* Brignolles *(marrons de Lyon, prunes),* Toulon, *préfecture maritime,* Vf. Pm. *(huile, savon, vins).* — Fréjus †.

99 Alpes-Maritimes, Nice † Pc. *(fruits, huile d'olive et soie);* Puget-Théniers *sur le Var,* Grasse *(essence, huile d'olive, liqueurs, parfums).* — Antibes. Vf. Pc. *(oliviers, orangers, tabacs).*

100 Pyrénées-Orientales, Perpignan † Vf. *(vins de Malvoisie);* Prades, Céret. — Port-Vendres Pc.

101 Aude, Carcassonne † *(draps, eaux-de-vie);* Castelnaudary *sur le canal du Midi,* Narbonne *(miel),* Limoux *(vins blancs).*

102 Hérault, Montpellier † A. C. *faculté de médecine (eaux-de-vie, produits chimiques, vert-de-gris, vins);* Lodève *(gants, draps),* Saint-Pons *(marbres),* Béziers Vc. *(eaux-de-vie).* — Lunel et Frontignan *(vins),* Cette Vf. Pc. et Agde.

103 Corse, Ajaccio † Pm; Bastia C. Vf., Pc., Calvi, Corté, Sartène.

CHEMINS DE FER (9000 kil. de développement)
(Leur liaison avec les grands chemins de fer étrangers).

104 **Ligne des Ardennes.** Elle se soude, près de Paris, à la ligne du Nord, et se dirige sur Givet, par Soissons, Reims, Réthel et Mézières.

105 **Ligne du Nord** de Paris sur Bruxelles *(Belgique),* par St-Denis, Creil, Clermont, Amiens, Arras et Douai (218 kil.); là elle forme deux sections, l'une sur Valenciennes, et l'autre sur Lille, *Gand et Ostende (Belgique).*

106 Cette ligne du Nord a plusieurs embranchements : 1° de Saint-Denis à Creil par Chantilly; 2° à Creil sur Beauvais; 3° encore à Creil sur Compiègne, Noyon, Saint-Quentin, Maubeuge (189 kil.), *Liége (Belgique),* etc.; 4° à Amiens sur Abbeville et Boulogne (205 kil.); 5° à Arras sur Hazebrouck et Calais; 6° à Lille sur Hazebrouck et Dunkerque. *Par Boulogne et Dunkerque, la ligne du Nord dessert l'Angleterre.*

107 **Ligne de l'Ouest** *(Normandie)* de Paris au Havre (228 kil.), par Poissy, Mantes, près de Louviers, près d'Elbeuf, par Rouen et Yvetot.

108 Embranchements sur Versailles *(rive droite,* 23 kil.), sur Saint-Germain (20 kil.), sur Dieppe (201 kil.); embranchement à Mantes sur Cherbourg (371 kil.), par Evreux, Bernay, Lisieux, Caen, Bayeux et Valognes; à Lisieux sur Honfleur, par Pont-l'Évêque, et à Lison (Calvados) sur Saint-Lô. *Au Havre, la ligne correspond avec l'Angleterre.*

109 **Ligne de l'Ouest** *(Bretagne),* de Paris à Brest (578 kil.), par Versailles *(rive gauche),* Saint-Cyr, Rambouillet, Chartres, Nogent-le-Rotrou, Le Mans, Laval, Rennes, Montfort, Saint-Brieuc, Guingamp et Morlaix. Embranchement au Mans sur Honfleur, par Alençon, Argentan, Lisieux et Pont-l'Évêque.

110 **Ligne d'Orléans** (121 kil.), par Étampes. A Orléans commencent les deux lignes de Bordeaux et du Centre.

111 La **Ligne de Bordeaux** (578 kil.) prend naissance à Orléans par Beaugency, Blois, Amboise, Tours, Châtellerault, Poitiers, Ruffec, Angoulême, Coutras et Libourne, avec embranchement à Tours sur Le Mans, sur Saint-Nazaire (491 k.), par Saumur, Angers, Ancenis, Nantes et Savenay; à Poitiers sur La Rochelle et sur Rochefort (474 kil.), par Niort.

112 De Bordeaux la ligne se prolonge sur Bayonne (757 kil.), par Dax, et sur *l'Espagne,* par Biarritz. A Marceux (Landes), un embranchement sur Tarbes, par Mont-de-Marsan et Aire.

113 De Dax, un autre embranchement ira sur *Saragosse (Espagne)*, par Orthez, Pau et Oloron.

114 **La ligne du Centre** se dirige à Orléans sur Vierzon, où elle se partage en deux sections : l'une se dirige encore sur Bordeaux (611 kil.), par Issoudun, Châteauroux, Limoges, Périgueux et Coutras, avec un embranchement à Périgueux sur Brives, et un second sur Agen ; l'autre sur Lyon, par Bourges, Le Guétin, Moulins, Gannat, Riom, Clermont-Ferrand, Issoire et Brioude (517 kil.).

115 Un embranchement va du Guétin à Nevers (302 kil.), un autre entre Vichy et La Palisse sur Lyon, par Roanne, Saint-Étienne et Rive-de-Gier.

116 **Le Grand-Central**, entre BORDEAUX et LYON, passera par Coutras, Périgueux, Brives, Aurillac, Murat, Brioude, Le Puy et Saint-Étienne.

117 **Ligne du Midi**, DE BORDEAUX à MARSEILLE (680 kil.), par La Réole, Marmande, Agen, Moissac, Montauban, Toulouse, Villefranche, Castelnaudary, Carcassonne, Narbonne, Béziers, Agde, Cette, Montpellier, Nimes et Tarascon. Il y a embranchement à Montauban sur Rodez, et à Toulouse sur Foix. De Narbonne se détache une ligne sur *Barcelone*, par Perpignan, et une autre de Nimes à Alais.

118 **Ligne de Lyon ou du Sud-Est.** De PARIS à la MÉDITERRANÉE (680 kil.), par Melun, Fontainebleau, Montereau, Sens, Joigny, Tonnerre, Dijon, Beaune, Châlon, Mâcon, Villefranche, Lyon (512 kil.), Vienne, Valence, Montélimart, Orange, Avignon, Tarascon, Arles et Marseille (862 kil.).

119 **La ligne du Bourbonnais** sur Lyon commence à Moret et passe par Montargis, Nevers, Moulins, Saint-Germain-des-Fossés, Roanne, Saint-Étienne et Rive-de-Gier. A Saint-Germain-des-Fossés se rattache une ligne sur Brioude, par Gannat, Riom, Clermont et Issoire.

120 Il y a embranchement à Montereau sur Nogent-sur-Seine ; après Joigny sur Auxerre ; à Dijon sur Belfort, par Auxonne, Besançon et Montbéliard, avec une ligne particulière d'Auxonne à Langres, par Gray ; à Dôle sur *Neuchâtel (Suisse)*, par Pontarlier ; à Mâcon sur Ambérieux, par Bourg ; à Lyon, le VICTOR-EMMANUEL par Ambérieux, Chambéry, Saint-Jean-de-Maurienne et *l'Italie* ; entre Vienne et Valence pour Grenoble ; à Tarascon sur Alais, par Beaucaire et Nîmes ; avant Marseille pour Aix, et à Marseille sur Nice, par Toulon.

121 **Ligne de Mulhouse** (491 kil.), par Nogent-sur-Seine, Troyes, Bar-sur-Aube, Chaumont, Langres, Vesoul et Belfort.

122 **Ligne de l'Est ou de Strasbourg** *(frontière d'Allemagne)*. Elle passe à Meaux, Château-Thierry, Épernay, Châlons-sur-Marne, Vitry-le-Français, Bar-le-Duc, Commercy, Toul, Nancy, Lunéville, Sarrebourg, Saverne, Strasbourg, *Kehl, toute l'Allemagne, la Prusse et la Russie.*

123 Un embranchement, à Épernay, va sur Laon et sur Mézières et Montmédy, par Reims ; de Reims à Saint-Quentin, par Laon ; à Vitry-le-Français sur Chaumont ; avant Nancy sur Metz, *Wiesbaden et toute l'Allemagne centrale* ; et après Nancy sur Epinal. A Strasbourg se détache le **chemin d'Alsace** qui passe à Schelestadt, Colmar, Mulhouse, *Bâle et la Suisse.*

COLONIES FRANÇAISES.

124 **Population.** — 600,000 habitants, non compris ceux de l'Algerie, qui, elle seule, en renferme 3,000,000.

125 ASIE. *Dans l'Indoustan* : Chandernagor, Yanaon, Mahé, Pondichéry et Karikal. *En Cochinchine* : la Basse-Cochinchine, Saïgon, Mytho, etc.

126 AFRIQUE. Toute l'Algérie ou Afrique française. — *Sur les côtes S.-O. du Sahara :* rade de Portendic. *Dans le Sénégal :* Fort-Saint-Louis, Galam, Gorée et Abréda. — *Dans la mer des Indes :* I. Mayotte, I. Nossi-bé, quelques établissements dans l'île de Madagascar, I. Sainte-Marie et île de la Réunion.

127 AMÉRIQUE. I. Saint-Pierre et Miquelon. — *Parmi les Antilles :* la Guadeloupe, la Désirade, Marie-Galande, Iles Saintes et la Martinique. — Cayenne *dans la Guyane française.*

128 OCÉANIE. *Dans la Mélanésie :* la Nouvelle Calédonie. — *Dans la Polynésie :* l'Arch. des Marquises ou de Mendana, l'Arch. de Taïti et les I. Gambier.

PARTIE PHYSIQUE

129 **Superficie.** — 541,686 kilomètres carrés.

130 **Mers.** — Au Nord la mer du Nord, au N.-O. la Manche, à l'O. l'océan Atlantique, et au S. la Méditerranée.

131 **Détroit.** — Le Pas-de-Calais.

132 **Golfes.** — G. de Gascogne et G. du Lion.

133 **Fleuves.** — La France est physiquement partagée en 5 *bassins principaux*, auxquels se rattachent quelques *bassins secondaires* : 1° *Le Bassin du Rhin avec les bassins secondaires de l'Escaut et de la Meuse.* Le Rhin reçoit en France l'Ill, la Lauter et la Moselle grossie de la Meurthe et de la Sarre, R. G.

134 2° *Le bassin de la Seine, dont les bassins secondaires sont :* la Somme, *l'Orne et la Vire.* La Seine reçoit l'Aube, R. D., l'Yonne, R. G., la Marne, l'Oise grossie de l'Aisne, R. D., et l'Eure, R. G.

135 3° *Le bassin de la Loire, dont les bassins secondaires sont :* le Blavet et la Vilaine, grossie de l'Ille. La Loire reçoit la Nièvre, R. D., l'Allier, le Loiret, le Cher, l'Indre, la Vienne, grossie de la Creuse, R. G., la Maine, formée de la Mayenne, de la Sarthe et du Loir, R. D., et la Sèvre-Nantaise, R. G.

136 4° *Le bassin de la Garonne,* auquel se relient 3 *bassins secondaires : la Sèvre Niortaise* grossie de la Vendée, *la Charente et l'Adour.* La Garonne reçoit l'Ariége, le Tarn grossi de l'Aveyron, R. D., le Gers, R. G., le Lot et la Dordogne grossie de la Vézère, qui reçoit elle-même la Corrèze, R. D., et se jette dans l'Océan, sous le nom de Gironde.

137 5° *Le bassin du Rhône a pour bassins secondaires : l'Aude, l'Hérault et le Var.* Le Rhône reçoit l'Ain, la Saône grossie du Doubs, R. D., l'Isère, la Drôme, l'Ardèche, la Sorgues (formée de la Fontaine de Vaucluse), la Durance, R. G., et le Gard, R. D.

138 **Canaux.** — Le canal de Nantes à Brest, le canal du Languedoc ou du Midi, le canal du Rhône au Rhin ou de l'Est, le canal de la Marne au Rhin, le canal de Saint-Quentin, le canal d'Orléans ou de Briare, le canal du Nivernais, le canal de Bourgogne et le canal du Centre.

139 **Lac.** — Du Grand-Lieu (Loire-Inférieure).

140 **Montagnes.** — Les Alpes, le Jura, la Côte-d'Or, les Cévennes et les Pyrénées.

NOTA. — *Pour plus de détails, voyez la deuxième partie : France physique par bassins.*

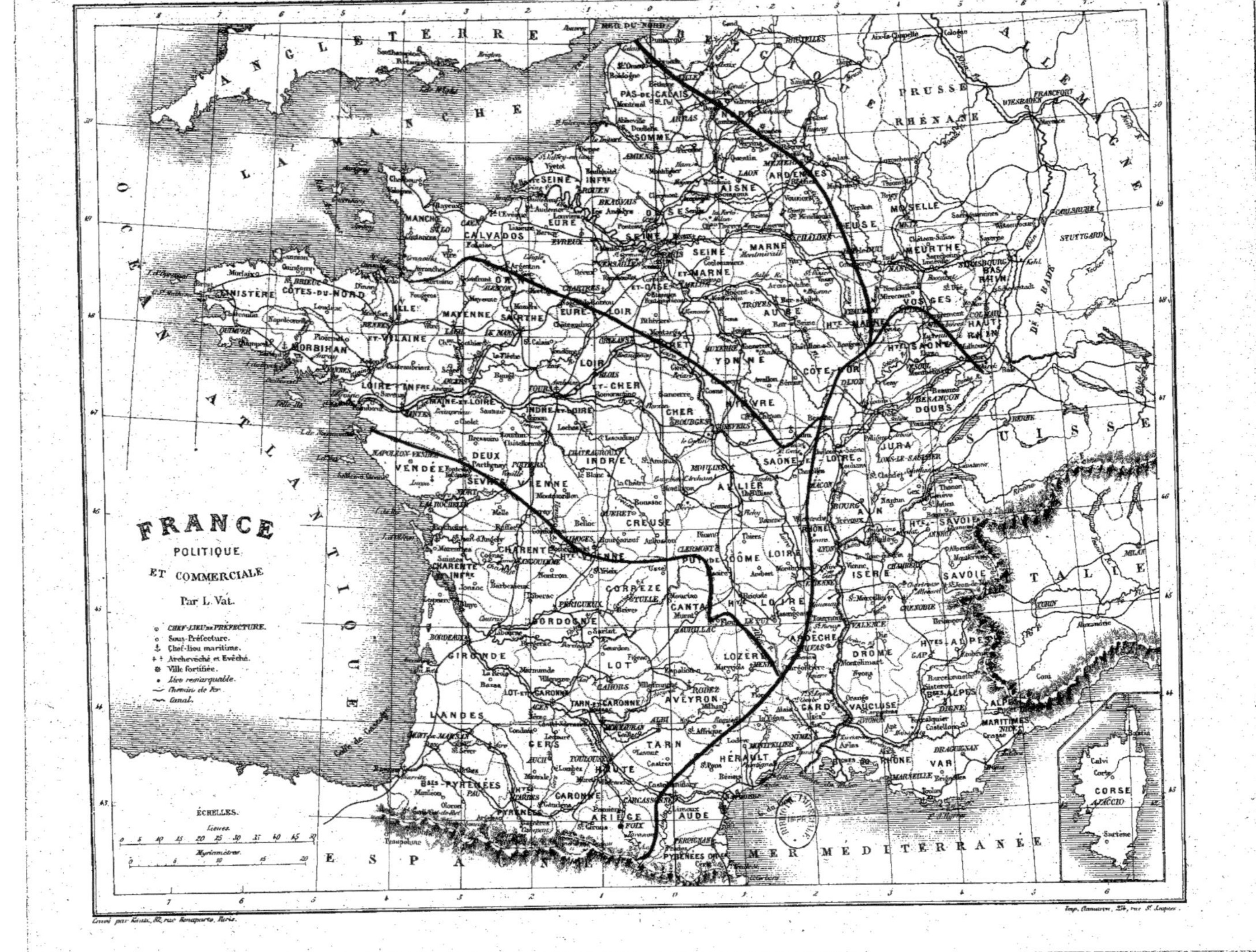

FRANCE
POLITIQUE
ET COMMERCIALE
Par L. Vat.
CHEF-LIEU DE PRÉFECTURE.
Sous-Préfecture.
Chef-lieu maritime.
Archevêché et Évêché.
Ville fortifiée.
Lieu remarquable.
Chemins de fer.
Canal.
ÉCHELLES.
Lieues
Myriamètres
OCÉAN ATLANTIQUE
MER MÉDITERRANÉE
LA MANCHE
ANGLETERRE
ALLEMAGNE
PRUSSE RHÉNANE
SUISSE
ITALIE
ESPAGNE
CORSE
AJACCIO
Imp. Dumarron, 24, rue S¹ Jacques.

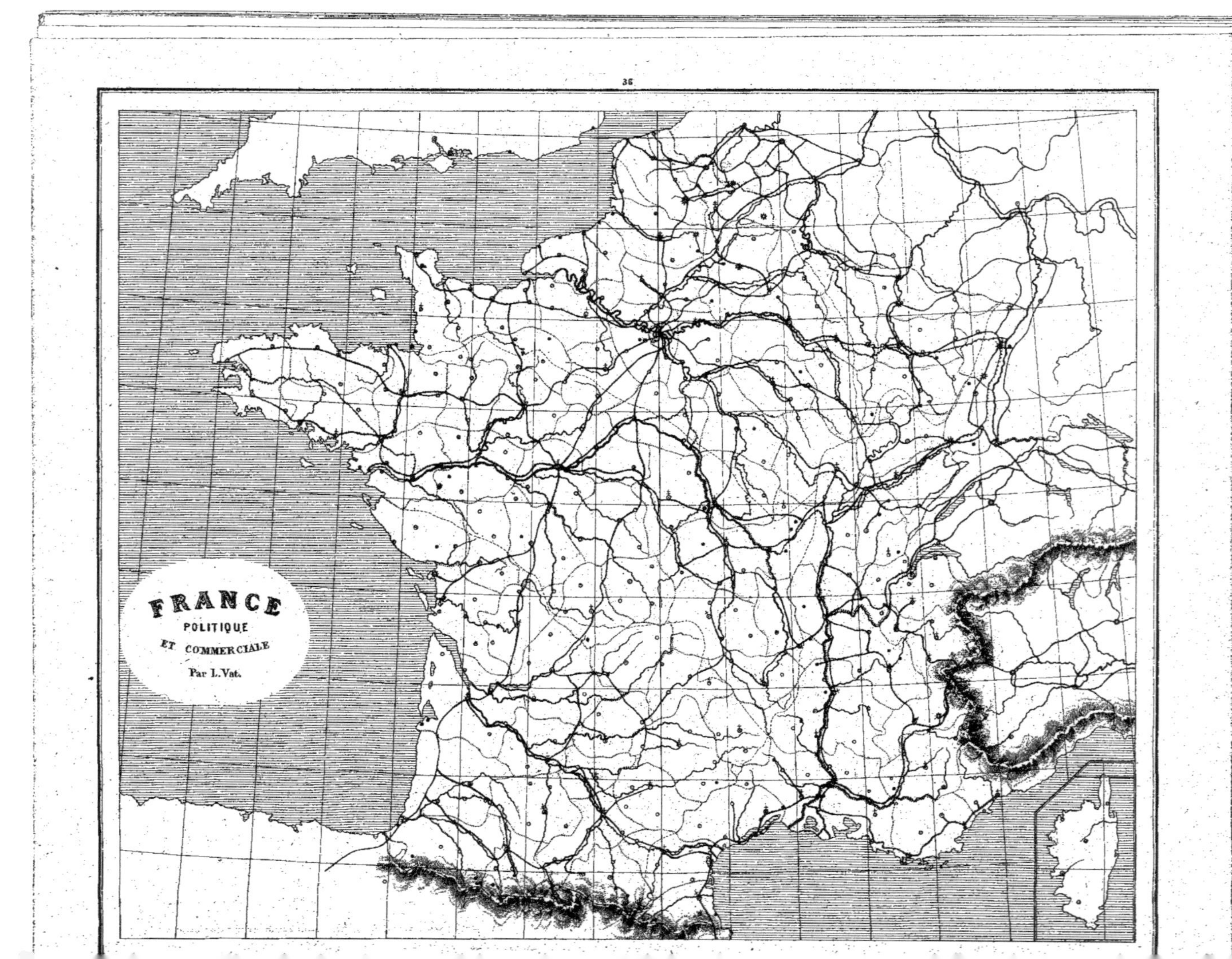
FRANCE
POLITIQUE
ET COMMERCIALE
Par L. Vat.

FRANCE PHYSIQUE

1 **Superficie.** — 541,686 kilomètres carrés.

2 **Tracé du littoral et Départements de la frontière (Limites de mer).** — *Villes, golfes, embouchures et caps qui s'y rencontrent de Dunkerque à Bayonne, sur un parcours de 1,644 kil.*: *Dunkerque, Gravelines, Calais,* cap Gris-Nez, *Boulogne,* la Somme, *Saint-Valery-sur-Somme, le Tréport, Dieppe, Saint-Valery-en-Caux, Fécamp,* cap d'Antifer, cap de la Hève, *le Havre,* la Seine, *Honfleur,* golfe du Calvados, l'Orne, *Caen,* cap de Barfleur, *Cherbourg,* cap de la Hague, *Granville.* La baie de Cancale, *Saint-Malo,* les Côtes du Nord, *Saint-Brieuc, Morlaix, Brest,* cap Saint-Mathieu, baie de Douarnenez, cap de Raz, baie d'Audierne, cap de Penmark, *Lorient,* golfe du Morbihan, *Saint-Nazaire,* la Loire, *Nantes, Paimbœuf,* pointe de Saint-Gildas, baie de Bourgneuf, *Sables d'Olonne,* pertuis Breton, *La Rochelle, Rochefort,* pertuis d'Antioche, *Marennes,* la Gironde, *Bordeaux,* bassin d'Arcachon, l'Adour, qui se jette dans le golfe de Gascogne, et *Bayonne.*

3 Le département du Nord est baigné par la mer du Nord ; le Pas-de-Calais, la Somme, la Seine-Inférieure, le Calvados, la Manche, l'Ille-et-Vilaine et les Côtes-du-Nord, par la Manche ; le Finistère, le Morbihan, la Loire-Inférieure, la Vendée, la Charente-Inférieure, la Gironde, les Landes et les Basses-Pyrénées, par l'Océan.

4 *De Port-Vendres au territoire de Ventimille (588 kil.)* : *Port-Vendres,* lagunes de Leucate et de Sigean, l'Aude, *Narbonne,* l'Hérault, lagunes de Thau, *Cette, Aigues-Mortes,* le Rhône, lagunes de Berre, *Marseille,* rade d'Hyères, *Toulon, Saint-Tropez,* golfe de Fréjus, G. de Cannes, G. de Juan, *Antibes,* le Var, *Nice, Villefranche,* le territoire de *Monaco,* et celui de *Ventimille.*

5 Les Pyrénées-Orientales, l'Aude, l'Hérault, le Gard, les Bouches-du-Rhône, le Var, les Alpes-Maritimes et la Corse sont baignés par la Méditerranée.

6 **Limites de terre et pays limitrophes.** — *De Bayonne à Port-Vendres* : elles partent de l'embouchure de la Bidassoa, suivent la chaîne des Basses-Pyrénées, coupent la Nivelle, atteignent les Pyrénées centrales, traversent le val d'Aran où elles coupent la Garonne, reprennent la grande chaîne jusqu'au Pic de Corlitte, atteignent les Pyrénées-Orientales qu'elles suivent jusqu'au col du Pertuis et prennent fin au C. Cerbère.

7 Les Basses-Pyrénées, les Hautes-Pyrénées, la Haute-Garonne, l'Ariège et les Pyrénées-Orientales touchent aux mêmes limites, lesquelles nous séparent de l'Espagne (provinces Basques, Navarre, Aragon et Catalogne).

8 *Du territoire de Ventimille à Bâle et à Wissembourg.* Elles suivent les Alpes Maritimes jusqu'au col de l'Argentière, les Alpes .Cottiennes où elles rencontrent le col d'Agnello, le mont Viso, le col du mont Genèvre, le col du mont Cenis, coupé par le chemin de fer (ligne d'Italie), les Alpes Grées où se trouvent le col du petit Saint-Bernard et le mont Blanc, les Alpes Pennines où est le col du grand Saint-Bernard, le lac de Genève, les limites du territoire de Genève; elles coupent le chemin de fer de Lyon à Genève, le Jura méridional, le Doubs depuis Pontarlier jusqu'à Blâmont ; elles passent ensuite aux sources de l'Ill et atteignent le Rhin auprès de Bâle. De Bâle elles suivent le Rhin jusqu'à l'embouchure de la Lauter et suivent cette rivière jusqu'à Wissembourg.

9 *De Wissembourg à Dunkerque,* les limites de terre traversent la Sarre au N. de Sarreguemines, la Moselle à *Sierck,* passent près de *Longwy,* au N. de *Montmédy,* de *Sedan,* de *Mézières,* et coupent la Meuse à *Givet,* suivent jusqu'à *Rocroi* les hauteurs qui séparent la Meuse de la Sambre, coupent l'Helpe à l'E. d'*Avesnes,* la Sambre au N.-E. de *Maubeuge,* l'Escaut à son confluent avec la Scarpe, la Lys entre *Turcoing* et *Courtray,* l'Isser à l'E. de *Bergues* et atteignent enfin la mer du Nord entre *Dunkerque* et *Furnes.*

10 Par les départements des Alpes-Maritimes, des Basses-Alpes, des Hautes-Alpes, de la

Savoie et de la Haute-Savoie, nous pénétrons en Italie. La Haute-Savoie, l'Ain, le Jura, le Doubs et le Haut-Rhin, touchent à la Suisse (cantons du Valais, de Genève, de Vaud, de Neufchâtel et de Berne). Le Haut-Rhin et le Bas-Rhin nous font communiquer avec l'Allemagne (duché de Bade et Bavière rhénane). Le département de la Moselle touche à la Prusse rhénane ; enfin par les départements des Ardennes, de l'Aisne et du Nord nous pénétrons en Belgique (grand duché de Luxembourg, Namur, Hainaut, Flandre occidentale).

11 **Climat, température, culture.** — Sous ce rapport, le pays est divisé en 4 zones , la 1re, celle des céréales et des pommiers à cidre, depuis la frontière du N. jusqu'à une ligne de terre de Mézières à Nantes. La 2e, celle des vignes, des mûriers et de la culture ordinaire, entre la ligne précédente et une autre, de Strasbourg à l'embouchure de la Charente; la 3e, celle des vignes, maïs, mûriers et culture ordinaire, entre cette dernière et une autre qui va de Grenoble à Perpignan ; la 4e, celle des oliviers, mûriers, vignes et orangers, qui comprend le reste de la France méridionale. L'air est généralement sain.

12 **Mers.** — Au N. la mer du Nord ; au N.-O. la Manche, à l'O. l'océan Atlantique, et au S. la Méditerranée.

13 **Hydrographie et orographie.** — La France est traversée du N.-E. au S.-O. par plusieurs chaînes de montagnes qui forment comme une arête principale et constituent la ligne générale de partage des eaux. Cette ligne de partage détermine deux versants, l'un septentrional et occidental, et l'autre méridional et oriental, et forme, avec les ramifications qu'elle projette, 5 bassins principaux au fond desquels coulent les fleuves de France et leurs affluents. Ce sont : **1° Le bassin du Rhin** auquel se rattachent *les bassins secondaires de la Meuse et de l'Escaut.* Il a pour limites ou ceinture *(partie française)* à l'O. la mer du Nord, les collines de l'Artois, les Ardennes et l'Argonne, au S. les monts Faucilles, les Vosges et le Jura septentrional.

14 Le Rhin prend sa source en Suisse, près du mont Saint-Gothard, et se jette dans la mer du Nord après un cours de 1,300 kil. ; il reçoit en France l'Ill, la Lauter et la Moselle grossie de la Meurthe et de la Sarre, R.G. L'Ill passe, en France, à *Mulhouse,* à *Schelestadt* et à *Strasbourg (Haut-Rhin et Bas-Rhin)* ; La Lauter sert deux fois de limites à la France et arrose *Wissembourg* ; la Moselle arrose *Remiremont, Épinal, Toul, Metz* et *Thionville.* la Meurthe passe à *Saint-Dié, Baccarat, Lunéville et Nancy* ; la Sarre passe à *Sarrebourg* et à *Sarreguemines* ; la Meuse passe à *Neufchâteau, Commercy, Verdun, Sedan, Mézières* et *Givet* ; l'Escaut arrose, en France, *Cambrai* et *Valenciennes.*

15 **2° Le bassin de la Seine** *dont les bassins secondaires sont* : la Somme, *l'Orne et la Vire.* Il a pour limites ou ceinture : à l'E. le littoral de la Manche depuis le C. Griz-Nez jusqu'à la baie de Cancale ; au S. les collines de Normandie et du Perche, le plateau d'Orléans, les collines du Nivernais, les montagnes du Morvan, le plateau de Langres ; à l'E. l'Argonne occid., les Ardennes et les collines de l'Artois.

16 La Seine, dont le cours est de **750 kilom.**, prend sa source à Chanceaux (Côte-d'Or); elle passe à *Châtillon-sur-Seine, Bar-sur-Seine, Troyes, Nogent-sur-Seine, Melun, Corbeil, Paris, Saint-Denis, Poissy, Mantes, Elbeuf et Rouen (Côte-d'Or, Aube, Seine-et-Marne, Seine, Seine-et-Oise, Eure et Seine-Inférieure).* Elle reçoit l'Aube, R. D., l'Yonne grossie de l'Armançon, R. G., la Marne grossie de l'Ornain et l'Ourq, l'Oise grossie de l'Aisne et du Thérain, R. D., et l'Eure, R. G. L'Aube passe à *Bar-sur-Aube, Brienne et Arcis-sur-Aube*; l'Yonne arrose *Château-Chinon, Clamecy, Auxerre, Joigny et Sens*; l'Armançon arrose *Sémur et Tonnerre*; la Marne passe à *Chaumont, Vitry-le-Français, Châlons, Épernay, Château-Thierry et Meaux*: la Somme passe près de *Saint-Quentin* et arrose *Péronne,*

Amiens et Abbeville ; l'Orne passe à Séez, Argentan et Caen ; la Vire arrose Vire et Saint-Lô.

17   3° Le bassin de la Loire dont les bassins secondaires sont : le Blavet et la Vilaine grossie de l'Ille. Ce bassin a pour ceinture : à l'O. le littoral de l'Océan, depuis la baie de Cancale jusqu'à la pointe de Saint-Gildas ; au S. le plateau de Gâtine, les monts du Poitou, les montagnes du Limousin, les montagnes d'Auvergne, avec le Puy-de-Dôme et le Pic du Cantal, les montagnes de la Margeride ; à l'E. les Cévennes et la Côte-d'Or ; au N. les montagnes du Morvan, les collines du Nivernais, le plateau d'Orléans et les collines du Perche et de Normandie.

18   La Loire prend sa source au mont Gerbier-des-Joncs (Ardèche), et son cours est de 1,126 kil. Elle arrose le Puy, Roanne, Digoin, Nevers, Cosne, Briare, Gien, Orléans, Blois, Tours, Saumur, Ancenis, Nantes, Paimbœuf et Saint-Nazaire (Ardèche, Haute-Loire, Loire, Allier, Saône-et-Loire, Nièvre, Cher, Loiret, Loir-et-Cher, Indre-et-Loire, Maine-et-Loire et Loire-Inférieure) ; elle reçoit la Nièvre, R.D., l'Allier, le Loiret, le Cher, l'Indre, la Vienne grossie de la Creuse, R. G, la Maine formée de la Mayenne, de la Sarthe et du Loir R. D., et la Sèvre-Nantaise R. G. La Nièvre se jette dans la Loire à Nevers ; l'Allier passe à Issoire, Vichy et Moulins : le Loiret n'a qu'un cours de 12 kilom. et se réunit à la Loire au-dessous d'Orléans ; le Cher passe à Montluçon et à Saint-Amand ; l'Indre arrose la Châtre, Châteauroux, Loches ; la Vienne arrose Limoges, Confolens, Châtellerault et Chinon ; la Creuse passe à Aubusson et Le Blanc. La Maine passe à Angers ; la Mayenne passe à Mayenne, Laval et Château-Gonthier ; la Sarthe passe à Alençon et au Mans ; le Loir passe à Châteaudun, Vendôme et La Flèche ; la Sèvre-Nantaise arrose Nantes. Le Blavet passe à Napoléonville et à Lorient ; la Vilaine arrose Rennes et Redon ; l'Ille se jette à Rennes dans la Vilaine.

19   4° Le bassin de la Garonne auquel se relient 3 bassins secondaires : la Sèvre Niortaise grossie de la Vendée, la Charente et l'Adour. Il a pour ceinture : à l'O. le golfe de Gascogne, depuis la pointe de Saint-Gildas jusqu'à la Bidassoa ; au S. les Pyrénées occid. et centrales ; à l'E. les Corbières occid., les Cévennes avec le mont Lozère, les montagnes de la Margeride, les montagnes d'Auvergne ; au N. les montagnes du Limousin, les monts du Poitou et le plateau de Gâtine.

20   La Garonne prend sa source en Espagne dans le val d'Aran, et se jette dans l'Océan, près de la tour de Cordouan, après un cours d'environ 580 kil. Elle arrose Saint-Gaudens, Muret, Toulouse, Agen, Marmande, La Béole, Bordeaux et Blaye (Haute-Garonne, Tarn-et-Garonne, Lot-et-Garonne et Gironde). Elle reçoit l'Ariége, le Tarn grossi de l'Aveyron, R. D., le Gers, R. G.; le Lot, et la Dordogne grossie de la Vézère, qui reçoit elle-même la Corrèze R. D, et de l'Isle. L'Ariége arrose Tarascon, Foix et Pamiers ; le Tarn arrose Milhau, Albi et Gaillac ; l'Aveyron passe à Rodez et Villefranche ; le Gers passe à Auch et Lectoure : le Lot arrose Espalion, Cahors et Villeneuve-d'Agen ; la Corrèze passe à Tulles et à Brive-la-Gaillarde ; l'Isle passe à Périgueux. La Sèvre-Niortaise passe à Niort ; la Charente arrose Civray, Ruffec, Angoulême, Cognac, Saintes et Rochefort ; l'Adour passe à Bagnères-de-Bigorre, Tarbes, Saint-Séver, Dax et Bayonne.

21   5° Le bassin du Rhône qui a pour bassins secondaires l'Aude, l'Hérault et le Var. Il a pour ceinture : au N. le Jorat ; le Jura mérid., le Jura sept., les monts Faucilles, le plateau de Langres ; à l'O. la côte d'Or, les Cévennes, les Corbières occid.; au S. les Pyrénées orientales, le littoral de la Méditerranée depuis Port-Vendres jusqu'aux Alpés Maritimes, à l'E. les Alpes jusqu'au mont Saint-Gothard.

22   Le Rhône prend sa source au mont Saint-Gothard, à 24 kilom. de la source du Rhin, traverse le Valais, en Suisse, se jette dans le lac de Genève, entre en France, passe à Lyon, Vienne, Tournon, Valence, Montélimart, Avignon, Beaucaire (Haute-Savoie, Ain, Rhône, Isère, Loire, Ardèche, Drôme, Vaucluse, Gard et Bouches-du-Rhône), et arrive à

Arles où il se partage en deux bras qui forment l'Ile de la Camargue ; son cours est de 860 kilom. Il reçoit l'Ain, la Saône grossie du Doubs, R.D. ; l'Isère, la Drôme, l'Ardèche, la Sorgues (formée de la Fontaine de Vaucluse), la Durance, R. G. et le Gard, R. D. La Saône passe à Gray, Châlon, Mâcon et Trévoux ; l'Isère arrose Grenoble ; la Drôme passe à Die ; la Durance arrose Briançon, Embrun et Sisteron ; l'Aude passe à Limoux et à Carcassonne.

23   Cols et ramifications les plus remarquables des Pyrénées. — De l'ouest à l'est les Pyrénées, dont le faîte sert de limites entre la France et l'Espagne, projettent en France plusieurs ramifications ou contre-forts dont les plus importantes sont les monts du Bigorre ou de Baréges, les Corbières Occidentales dont le prolongement forme les Cévennes, et les Corbières Orientales. On y remarque le col de Goritty, le col de Bélate, le pic du Midi d'Ossau, le mont Perdu, le mont Cylindre, le mont Maladetta et le mont Vallier ; ces deux derniers, avec une partie des Pyrénées Centrales, circonscrivent le val d'Aran, qui donne naissance à la Garonne ; le pic de Corlitte dont se détachent les Corbières, le col de la Perche, le mont Canigou, le col du Pertus et les monts Albères.

24   Rivières principales qui descendent de ces monts. — La Bidassoa, la Nivelle, le Gave de Pau, l'Adour, la Baise, le Gers, la Garonne, l'Ariége, l'Aude, le Tet et le Tech.

25   Cols et ramifications les plus remarquables des Alpes. — Dans la grande chaîne des Alpes françaises on distingue : 1° le versant occidental des Alpes Pennines qui se terminent au mont Blanc et forment avec les Alpes Lépontiennes et Bernoises, en Suisse, le commencement du bassin du Rhin. C'est la partie la plus élevée des Alpes ; elle renferme le mont Rose (4,618ᵐ) et le mont Blanc (4,810ᵐ), le point le plus élevé de l'Europe. Un rameau s'en détache au grand Saint-Bernard et prend fin près de Genève ; un autre contre-fort se détache du mont Blanc et se bifurque pour se terminer au nord près du Rhône, et pour couvrir au sud le pays situé entre le Rhône et l'Isère.

26   2° Les Alpes Grées ont pour points culminants le mont Iseran (4,045ᵐ) et le mont Cenis (3,300ᵐ) ; du mont Iseran se détache une branche pour courir au Nord de l'Isère.

27   3° Les Alpes Cottiennes, parmi lesquelles on distingue le mont Thabor (3,172ᵐ). le mont Genèvre (3,692ᵐ) et le mont Viso (3,836ᵐ) ; un rameau important s'en détache au mont Thabor sous le nom d'Alpes du Dauphiné et de monts de Léberon ; il se termine au confluent de la Durance.

28   4° Les Alpes Maritimes qui commencent au mont Viso, et projettent un contre-fort connu sous le nom d'Alpes de Provence : il se bifurque pour former la petite chaîne des Alpines et les montagnes des Maures.

29   Les principaux cols ou passages sont dans les Alpes Pennines : le Simplon et le grand Saint-Bernard ; dans les Alpes Grées, les cols des monts Cenis, de Genèvre et de l'Argentière ; et dans les Alpes maritimes , ceux de Tonde, de Nova et de Cadibone.

30   Rivières principales qui descendent de ces monts. — L'Arve, l'Isère, l'Arc, la Drôme, la Durance, le Verdon et le Var.

31   Canaux. — Le bassin de la Seine communique directement : 1° avec le bassin du Rhin par le canal de Bourgogne et le canal du Rhône au Rhin ou de l'Est, et par le canal de la Marne au Rhin, de Vitry à Strasbourg ; 2° avec les bassins de la Somme et de l'Escaut par le canal du Crozat et le canal de Saint-Quentin ; 3° avec le bassin de la Loire par les canaux de Loing, d'Orléans et de Briare, et par le canal du Nivernais.

32   Le Canal de Nantes à Brest traverse la Bretagne.

33   Le bassin de la Garonne communique avec le bassin du Rhône par le canal du Languedoc ou du Midi, qui unit la Garonne à la Méditerranée.

34   Le bassin du Rhône est encore uni : 1° au bassin de la Loire par le canal du Centre,

de Châlon à Digoin ; **2°** au bassin du Rhin par le canal du Rhône au Rhin ou canal de l'Est, depuis Saint-Symphorien, *sur la Saône*, jusqu'auprès de Strasbourg.

35 Lacs. — Un seul a quelque importance, c'est celui du Grand-Lieu (Loire-Inférieure) ; on trouve encore au N.-O. de Bordeaux l'étang de Carcans.

36 Caps. — Cap Griz-Nez (*Pas-de-Calais*), cap d'Antifer, pointe de la Hève et cap de la Hague sur les côtes de la Manche.

37 Montagnes. — Parmi celles qui forment les ceintures des bassins on doit remarquer : 1° la grande ligne de faîte qui se compose du Jura, des Vosges, des monts Faucilles, du plateau de Langres, de la côte d'Or, des Cévennes et des Corbières qui forment un contre-fort des Pyrénées, et la chaîne même des Pyrénées ; 2° les Alpes, qui forment les limites naturelles du S.-E. de la France ; parmi ces dernières on remarque le mont Blanc, au pied duquel est la mer de Glace ; les Alpes Grées, les Alpes Cottiennes et les Alpes Maritimes dont le prolongement forme, en Italie, les Apennins.

APPENDICE

POUR LES ÉCOLES SPÉCIALES

38 Divisions administratives. — Le pouvoir, déclaré héréditaire pour les mâles dans la famille Bonaparte, appartient à un EMPEREUR. La partie législative est partagée par lui avec trois grands corps politiques, savoir : *le Sénat, le Corps législatif et le conseil d'État*. Toute loi, avant sa promulgation, est soumise au Sénat. Le Corps législatif est la repré-sentation nationale : il a pour mission de discuter et de voter les projets de loi et l'impôt. Le conseil d'État a pour fonction de décider en dernier ressort les procès administratifs, et de soumettre au gouvernement ses avis sur ce qui a rapport aux règlements généraux d'administration publique.

39 L'EMPEREUR délègue une partie de son pouvoir exécutif à des *Ministres* qui sont au-jourd'hui fixés à dix.

1° MINISTRE D'ÉTAT : rapport du gouvernement avec le Sénat, le Corps législatif et le conseil d'État.

40 2° MINISTRE DE LA MAISON DE L'EMPEREUR ET DES BEAUX-ARTS : administration des Beaux-Arts, monuments historiques, archives de l'empire et grande chancellerie.

41 3° MINISTRE DES FINANCES. Administration centrale des ministères, administration gé-nérale des finances : enregistrements et domaines, forêts, monnaies, tabacs, timbres, contributions indirectes, postes, douanes et sels. Dans chaque chef-lieu de département résident : 1° un *receveur général*, un *payeur*, un *directeur de l'enregistrement et des do-maines*, un *directeur des contributions indirectes*, un *agent forestier* et un *directeur comptable des postes*.

42 Les chefs-lieux de sous-préfecture sont la résidence : d'un *receveur particulier des fi-nances*, d'un *directeur des contributions indirectes*, d'un *conservateur des hypothèques* et d'un *vérificateur des poids et mesures*. Dans chaque canton, il y a un certain nombre de *percepteurs communaux*. Au-dessus de cette administration départementale, il y a, auprès des ministres, des inspecteurs généraux des finances et une *Cour des Comptes*, chargés de vérifier la comptabilité générale de l'empire.

43 4° MINISTRE DE LA JUSTICE ET DES CULTES. Il y a en France **28** *cours impériales*, et cha-cune a dans son ressort un *tribunal de* 1re *instance* par arrondissement, une *justice de paix* et un *tribunal de simple police* par canton. Les *Cours d'assises* jugent les causes criminelles ; et au-dessus de tous ces tribunaux est la *Cour de cassation*, qui peut annuler tous les arrêts rendus contrairement à la loi.

44 Sous le rapport ecclésiastique, la France et les colonies sont aujourd'hui divisées en 17 *archevêchés* et 69 *évêchés* qui forment ainsi **86** *diocèses*. Chaque archevêque ou évêque est assisté de plusieurs *vicaires généraux* et d'un *chapitre*. Les diocèses se divisent en pa-roisses dont quelques-unes ont à leur tête un *curé* et d'autres un desservant. Les curés des paroisses importantes sont secondés par des *vicaires*.

45 5° MINISTRE DE L'INTÉRIEUR. Il veille à la sûreté et à la tranquillité intérieure de l'em-pire, procède à l'organisation de la *garde nationale*, fait les recensements, surveille les établissements de charité, etc., etc. Les **89** départements de la France se subdivisent en 373 arrondissements partagés en **2,850** cantons et **36,326** communes. A la tête de chaque

département est un *préfet* assisté d'un conseil de préfecture ; chaque arrondissement est administré par un *sous-préfet* assisté aussi d'un conseil. Les communes sont administrées par un *maire* aidé d'un ou plusieurs *adjoints* et d'un conseil municipal ; dans chaque com-mune il y a un *garde champêtre* nommé par le maire.

46 (Avant **1789** chaque gouvernement ou *province* avait 1° un *gouverneur*, titre honorifique donné aux représentants des grandes familles ; 2° un *intendant* de province, chargé de toutes les attributions ; 3° un *intendant* des finances, et 4° un *bureau des finances* composé de deux trésoriers et de deux receveurs généraux.)

47 6° MINISTRE DE LA GUERRE. Les **22** divisions militaires, non compris l'Algérie, sont groupées en 6 grands commandements et **87** subdivisions. A la tête de chaque division est un *général de division* et à la tête de chaque subdivision, sous les ordres du général de la division où il est compris, un *général de brigade*.

48 7° MINISTRE DES AFFAIRES ÉTRANGÈRES. Il est chargé de faire des traités d'alliance et de commerce avec les nations étrangères, et d'entretenir avec elles, par l'entremise des *ambas-sadeurs, consuls*, etc., les relations internationales, etc.

49 8° MINISTRE DE LA MARINE ET DES COLONIES. Il est assisté d'un conseil d'amirauté, d'un conseil des travaux de la marine, et d'une commission de perfectionnement pour l'ensei-gnement de l'école navale. Le territoire maritime est divisé en **5** *préfectures* ou *arron-dissements* qui ont leur siége à Cherbourg, Brest, Lorient, Rochefort et Toulon, **12** sous-arrondissements et **84** quartiers ou sous-quartiers. Chaque arrondissement est administré par un *préfet* ; chaque sous-arrondissement par un *chef de service* ; chaque quartier par un *commissaire*, et chaque sous-quartier par un *aide-commissaire*.

50 9° MINISTRE DE L'INSTRUCTION PUBLIQUE. Il est assisté d'un *conseil impérial de l'instruc-tion publique* et de **18** *inspecteurs généraux*. Depuis **1860**, il y a en France **17** académies, à la tête de chacune desquelles il y a un *recteur* ; dans chacune réside un *inspecteur d'académie*. Auprès du recteur est un *conseil d'académie* qu'il préside ; auprès de l'ins-pecteur d'académie un *conseil départemental* présidé par le préfet.

51 10° MINISTRE DE L'AGRICULTURE, DU COMMERCE ET DES TRAVAUX PUBLICS. Il a pour attri-butions : la direction des encouragements et récompenses au commerce ; la direction des écoles d'agriculture et de commerce, la préparation des lois de douanes et la publication des documents statistiques sur l'agriculture, le commerce et l'industrie.

52 Revenu et dette. — Les produits de tous les impôts forment le revenu de la France ; l'ensemble des recettes et des dépenses constitue le budget de l'État, fixé tous les ans par les assemblées législatives. Pour l'année **1864**, le budget des recettes s'est élevé à 1,781,762,986 fr., et celui des dépenses à 1,778,461,501 fr.

53 L'EMPIRE FRANÇAIS se partage aujourd'hui en 7 **arrondissements** militaires, formés de **23** divisions en y comprenant l'Algérie.

54 **1er Arrondissement**, chef-lieu **Paris** ; il renferme **2** divisions : la **1re** dont le siége est à Paris (*Seine*), et la **2e** dont le siége est à Rouen (*Seine-Inférieure*).

55 **2e Arrondissement**, chef-lieu **Lille**; 2 divisions : la 3e à Lille (*Nord*), et la 4e à Châlons (*Marne*).

56 **3e Arrondissement**, chef-lieu **Nancy**; 3 divisions: la 5e à Metz (*Moselle*), la 6e à Strasbourg (*Bas-Rhin*), et la 7e à Besançon (*Doubs*).

57 **4e Arrondissement**, chef-lieu **Lyon**; 6 divisions : la 8e à Lyon (*Rhône*), la 9e à Marseille (*Bouches-du-Rhône*), la 10e à Montpellier (*Hérault*), la 17e à Bastia (*Corse*), la 20e à Clermont (*Puy-de-Dôme*), et la 22e à Grenoble (*Isère*).

58 **5e Arrondissement**, chef-lieu **Tours**; 5 divisions : la 15e à Nantes (*Loire-Inférieure*), la 16e à Rennes (*Ille-et-Vilaine*), la 18e à Tours (*Indre-et-Loire*), la 19e à Bourges (*Cher*), et la 21e à Limoges (*Haute-Vienne*).

59 **6e Arrondissement**, chef-lieu **Toulouse** ; 4 divisions : la 11e à Perpignan (*Pyrénées-Orientales*), la 12e à Toulouse (*Haute-Garonne*), la 13e à Bayonne (*Basses-Pyrénées*), et la 14e à Bordeaux (*Gironde*).

60 **7e Arrondissement**, chef-lieu **Alger**; il comprend toute l'Algérie.

61 **Armée et Marine.** — L'armée française se compose des armes et corps suivants : GARDE IMPÉRIALE. — Pour l'infanterie : 3 régiments de *grenadiers*, 4 de *voltigeurs*, 1 régiment de *zouaves*, 1 bataillon de *chasseurs à pied*, 1 régiment de *gendarmerie à pied*; pour la cavalerie, 1 escadron de *cent-gardes*, 2 régiments de *cuirassiers*, 1 de *dragons*, 1 de *lanciers*, 1 de *chasseurs*, 1 de *guides* et 1 escadron de *gendarmerie*; et pour l'artillerie, 1 régiment à cheval, 1 à pied et 1 escadron du *train des équipages*; génie : 1 division, en tout plus de 28,000 hommes.

62 INFANTERIE : 100 régiments de ligne, 20 bataillons de *chasseurs à pied ou de Vincennes*. CAVALERIE : 2 régiments de *carabiniers* et 10 de *cuirassiers*, formant la *cavalerie de réserve* : 12 de *dragons* et 8 de *lanciers*, formant la *cavalerie de ligne* : 12 de *chasseurs* et 8 de *hussards*, formant la *cavalerie légère*.

63 ARTILLERIE. — 17 régiments d'artillerie (5 *d'artillerie à pied*, 7 *d'artillerie montée*, 4 *d'artillerie à cheval*, 1 *de pontonniers*); 12 compagnies d'*ouvriers* et *armuriers d'artillerie*, 6 escadrons *de train d'artillerie*, et 4 compagnies de *canonniers vétérans*.

64 GÉNIE. — 3 Régiments de *génie*, 2 compagnies d'*ouvriers* et 1 compagnie de *vétérans*.

65 TROUPES D'AFRIQUE : infanterie, 3 régiments de *zouaves*, 3 bataillons d'*infanterie légère d'Afrique*, 1 *légion étrangère* formant 2 régiments, 3 régiments de *tirailleurs algériens*, 8 compagnies de *discipline*; cavalerie, 3 régiments de *chasseurs d'Afrique*, 3 de *spahis*.

66 GENDARMERIE. — Elle comprend un escadron et un régiment faisant partie de la garde impériale; 26 légions pour les départements, 4 compagnies pour les colonies, la *garde de Paris*, les *sapeurs-pompiers*, etc.

67 TROUPES D'ADMINISTRATION. — 4 compagnies d'ouvriers militaires, 5 escadrons du train des équipages, etc.

68 L'armée de terre se trouve ainsi fixée à 400,000 hommes, dont 65,000 en Algérie, et 85,000 chevaux, dont 15,000 en Algérie.

69 **Ordre hiérarchique.** — Maréchal de France, général de division, général de brigade, colonel, lieutenant-colonel, major, chef de bataillon ou chef d'escadron, adjudant-major, capitaine, lieutenant, sous-lieutenant, garde de l'artillerie ou du génie, adjudant, tambour-major ou trompette-major, sergent-major ou maréchal-des-logis chef, sergent-fourrier ou maréchal-des-logis fourrier, sergent ou maréchal-des-logis, caporal-fourrier ou brigadier-fourrier, caporal ou brigadier, soldat, tambour ou trompette.

70 La **Marine militaire** se compose d'environ 60 *vaisseaux de ligne ou frégates*, 200 *corvettes* ou bâtiments inférieurs, et 100 *navires à vapeur*. L'effectif de l'armée navale est ordinairement de 60,000 hommes.

71 Les **Ports militaires** sont : Cherbourg, sur la Manche ; Brest, Lorient, Rochefort, sur l'océan Atlantique, et Toulon, sur la Méditerranée.

72 **Ordre hiérarchique** : Amiral (2), vice-amiral (12), contre-amiral (24), préfet maritime (5),

73 capitaine de vaisseau (130), capitaine de frégate (250), lieutenant de vaisseau (825), enseigne de vaisseau (600), aspirant de 1re classe (200), aspirant de 2e classe (100). La marine marchande possède 15,000 bâtiments ou navires de divers tonnages. Le nombre des paquebots et bâtiments à vapeur dépasse 200. Dunkerque, *Calais*, Boulogne, Dieppe, le Havre, Rouen, Saint-Malo, Saint-Nazaire, Nantes, la Rochelle, Bordeaux et *Bayonne* sont les **ports de commerce** situés sur l'océan Atlantique ; Cette, Marseille, *Antibes* et *Nice* ceux situés sur la Méditerranée.

74 **Agriculture.** — Les 54 millions d'hectares qui forment la superficie de la France se divisent ainsi : terres productives, 41,830,000 hectares, dont 25,500,000 en terres labourables, 4,838,000 en prés, 2,130,000 en vigne, 640,000 en vergers et jardins, 95,000 en cultures diverses, 7,800,000 en bois et oseraies, et le reste en terre inculte, étangs, routes, etc.

75 Les principaux produits de la culture sont : le blé qui représente une valeur annuelle de plus d'un milliard; l'avoine et le seigle qui rapportent 600 millions, les prairies qui donnent 800 millions de fourrages, la vigne qui produit plus de 500 millions, les bois et forêts qui rapportent plus de 200 millions. La récolte de la pomme de terre surpasse celle du blé (90 millions d'hectolitres).

76 Voici, par zone, les départements les plus riches en céréales : Nord, Pas-de-Calais, Somme, Seine-Inférieure, Aisne, Moselle, Eure-et-Loir, Seine-et-Oise, Seine-et-Marne, Meurthe; en 2e ligne viennent : Manche, Meuse, Bas-Rhin, Finistère, Haute-Marne, Saône-et-Loire et Jura. L'orge, l'avoine, les plantes oléagineuses, le houblon, la betterave, sont plus particulièrement cultivées dans le Nord; le sarrazin en Bretagne. Les prairies se trouvent au N.-O., surtout en Normandie.

77 La vigne est une des plus importantes cultures de la France : le produit moyen des vignobles est de 40 millions d'hectolitres de vin, représentant une valeur de 800 millions de fr. Les départements viticoles sont au nombre de 76, les principaux sont : la Marne, le Loiret, la Côte-d'Or, le Maine-et-Loire, la Gironde, la Dordogne, le Rhône et l'Hérault. Parmi les cultures diverses, celle du pommier, pour la fabrication du cidre, est répandue dans le N.-O., surtout en Normandie ; celle du mûrier dans le S. et le S.-E. ; celle du chanvre (70,000 kil. par an), et du lin (35,000 kil.), au N.-O.

78 Les parties les plus boisées sont le plateau des Ardennes, le plateau de Langres, les Vosges, la Côte-d'Or, le Jura et les contre-forts des Alpes, les Cévennes et leurs ramifications. Les forêts n'occupent que le 17 centième de la surface du sol.

79 **Nature et valeur des exportations.** — Les principaux articles exportés sont : la chapellerie, les cotonnades, les dentelles, les draps, les eaux-de-vie, les sucres raffinés (34 millions de kilog. par an), les étoffes de laine et de soie, le fer fabriqué, les fruits, les glaces, les gravures, les lithographies, les livres, la mercerie, la rubannerie, les meubles, les articles de mode, les œufs, l'or fabriqué, les papiers ouvragés et peints, la parfumerie, les savons (500,000 caisses par an), les articles dits de Paris, les plaqués, les porcelaines, les tapis, les toiles, les vins et la volaille. La moyenne annuelle est de 3 milliards.

80 **Nature et valeur des importations.** — Les objets importés des pays étrangers et des colonies françaises sont : métaux précieux (Russie, deux Amériques, Australie), fer (Suède), houille (Angleterre, Belgique, Allemagne), plus de 30 millions de quintaux par an; horlogerie (Suisse), bois de construction (Norwége), bois de teinture (Indoustan deux Amériques), chevaux (Hanovre, Mecklembourg), mulets (Espagne), peaux brutes (Russie, deux Amériques), laine (Espagne), soufre (Sicile), soie écrue (Italie), indigo (Indes-Orientales), fil de chanvre et de lin (Angleterre), froment (Russie, Algérie), épices (Indes-Orientales), cacao, café, sucre et tabac (la Réunion, la Guadeloupe, la Martinique, la Guyane), riz et thé (Chine), coton (États-Unis). La moyenne des importations est de 2 milliards.

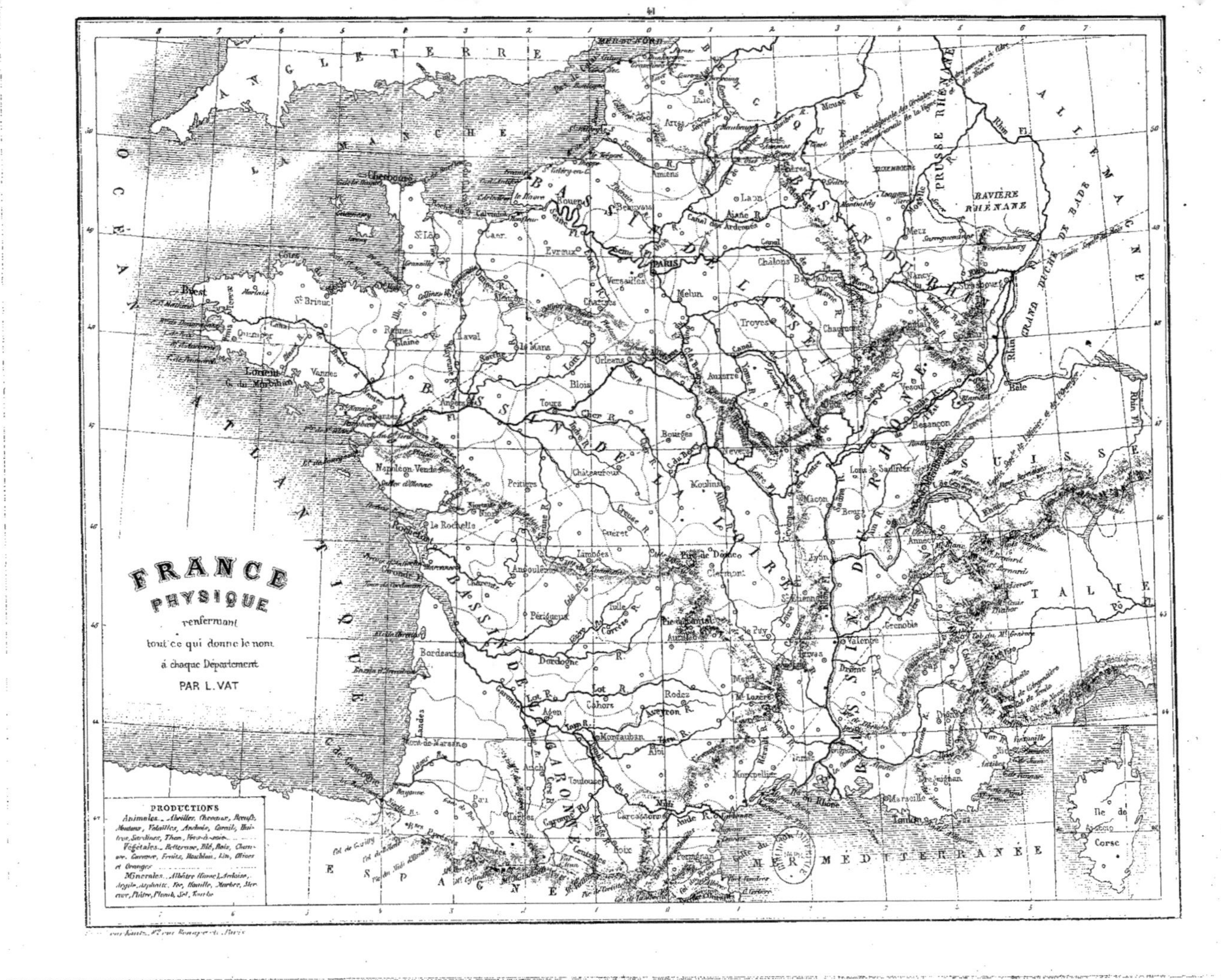

FRANCE
PHYSIQUE
renfermant
tout ce qui donne le nom
à chaque Département
PAR L. VAT
PRODUCTIONS
Animales.— Abeilles, Chevaux, Bœufs, Moutons, Volailles, Anchois, Corail, Huîtres, Sardines, Thon, Vers-à-soie.
Végétales.— Betterave, Blé, Bois, Chanvre, Garance, Fruits, Houblon, Lin, Olives et Oranges.
Minérales.— Albâtre blanc, Ardoise, Argile, Asphalte, Fer, Houille, Marbre, Mercure, Plâtre, Plomb, Sel, Tourbe.
OCÉAN
LA MANCHE
ANGLETERRE
OCÉAN ATLANTIQUE
ESPAGNE
MER MÉDITERRANÉE
ALLEMAGNE
PRUSSE RHÉNANE
BAVIÈRE RHÉNANE
GRAND DUCHÉ DE BADE
SUISSE
ITALIE
BASSIN DE LA SEINE
BASSIN DE LA LOIRE
BASSIN DU RHÔNE
BASSIN DE LA GARONNE
BASSIN DU RHIN
Brest
Cherbourg
St Lô
St Brieuc
Quimper
Lorient
G. du Morbihan
Vannes
Rennes
Laval
Le Mans
Angers
Tours
Blois
Orléans
Chartres
Évreux
Rouen
PARIS
Versailles
Melun
Beauvais
Amiens
Laon
Metz
Nancy
Strasbourg
Châlons
Troyes
Chaumont
Bâle
Besançon
Mâcon
Nevers
Bourges
Châteauroux
Poitiers
Napoléon-Vendée
Sables d'Olonne
La Rochelle
Limoges
Angoulême
Périgueux
Tulle
Clermont
Lyon
Grenoble
Valence
Rodez
Cahors
Agen
Montauban
Bordeaux
Mont-de-Marsan
Landes
Toulouse
Pau
Bayonne
Carcassonne
Montpellier
Nîmes
Avignon
Marseille
Toulon
Île de Corse
Corse
MER
Rhin Fl.
Pô

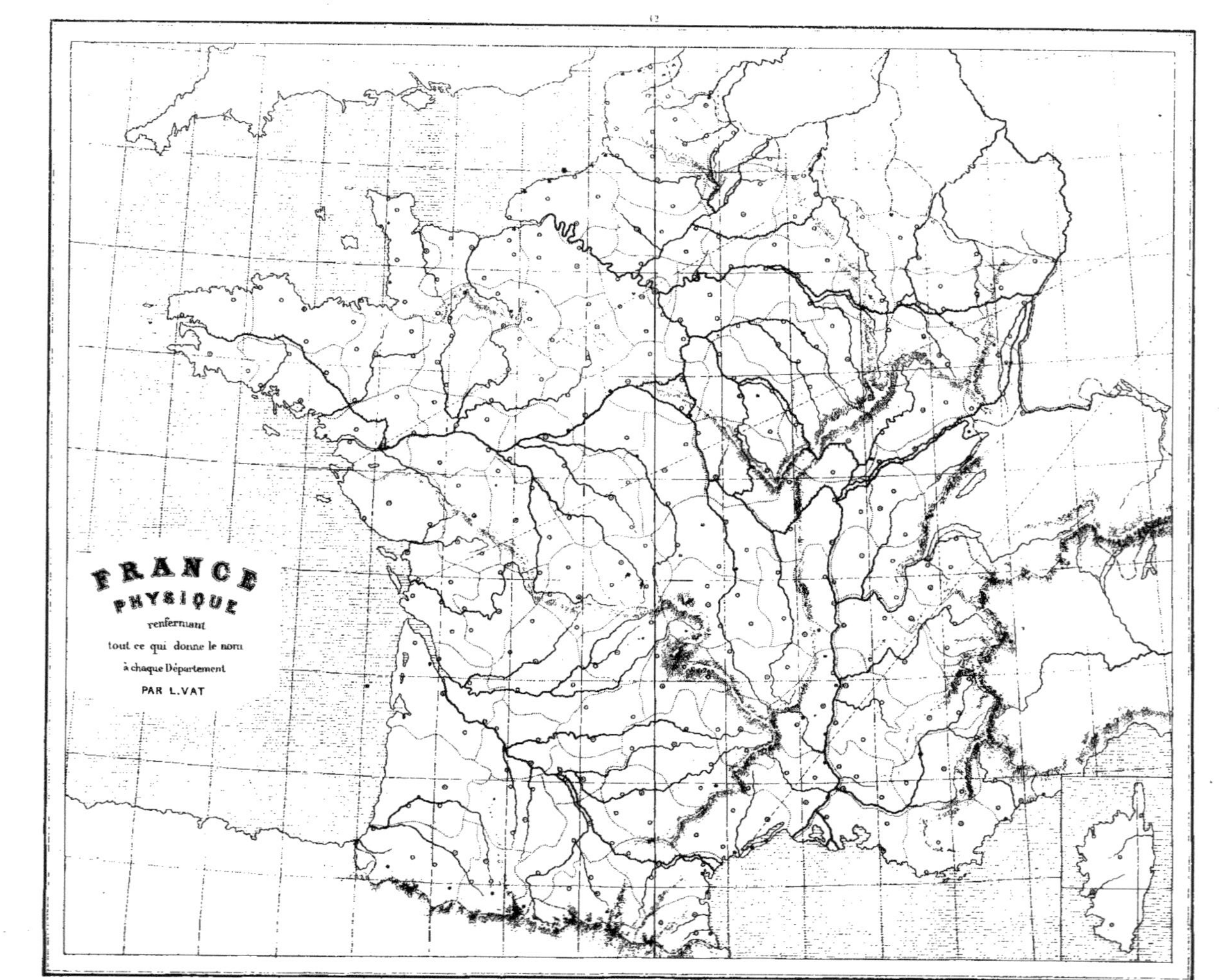
FRANCE
PHYSIQUE
renfermant
tout ce qui donne le nom
à chaque Département
PAR L. VAT

COLONIES FRANÇAISES

ASIE

1   **Établissements français dans l'Inde** : La *population* totale est de 228,000 habitants, et la *superficie* de 490 kil. carrés. On y récolte : le bétel, le fruit du cocotier, grains, indigo, manioc, palma-christi, pavot, riz, etc. Les toiles de coton sont à peu près les seuls produits de fabrique. Le commerce s'élève à 11,803,000 fr., dont 11,121,000 francs d'exportation.

2   CHANDERNAGOR, *sur la rive droite de l'Hougly*, à 1,600 kil. de Pondichéry et dans l'ancienne province du BENGALE; 30,000 habitants, peu d'industrie et de commerce ; exportation d'opium.

3   YANAON, *sur le Godavéry*, à 780 kil. de Pondichéry, 7,000 habitants. Cet établissement est situé dans une contrée excessivement fertile, où l'on récolte beaucoup de graines, de riz et de sésame. Commerce de chanvre, cire, cornes, ivoire et bonnes toiles. Chantiers de construction.

4   MAHÉ, sur la côte de Malabar, à 450 kil. O. de Pondichéry. 7,000 habitants. Exportation de cacao, cardamome (plante aromatique), coco, poivre, etc.

5   PONDICHÉRY, grande et belle ville, capitale de l'Inde française, 50,000 habitants. On y va de France en 40 jours par Suez et en 110 jours par le Cap. La ville est divisée en deux parties : à l'E. la *ville Blanche* qui n'a que 700 habitants, et à l'O. la *ville Noire*. Nombreuses teintureries d'indigo, fabriques de toiles de coton bleu, dites *guinées*, exportées pour le Sénégal.

6   KARIKAL, à 114 kil. S. de Pondichéry, à l'embouchure du Cavéry, 62,000 habitants. Riz, toiles très-estimées.

7   **Cochinchine française.** —* La Basse Cochinchine comprend les 6 provinces de Mitho ou de *Dinh-Tuang*, de Saïgon ou de *Giadinh*, de Bien-Hoa ou de *Dong-Naï*, de Vinh-Lûong, de Châudôc ou d'*An-Giang*, de Cancao ou de *Ha-Tien*; mais les trois premières provinces seulement composent la **Cochinchine française**; les autres font encore partie de l'empire d'An-nam. DINH-TUONG, chef-lieu *Mitho, sur le Mé-Kong*, est fort riche en productions. C'est la moins salubre de nos possessions ; le choléra et les fièvres paludéennes y sont en permanence. La ville possède une belle citadelle. Parmi les productions de cette province, on distingue les aréquiers, les cocotiers, les concombres, le coton, les patates, les pastèques et le riz. Les animaux qu'on peut y rencontrer sont les crocodiles, les éléphants, les rhinocéros, les sangliers, les scorpions, les serpents et les tigres. Les poissons y sont nombreux, et l'on y est fort tourmenté par les moustiques.

8   GIA-DINH, chef-lieu SAÏGON, siége du gouvernement des 3 provinces, ville déjà importante avant 1859. Sa forteresse a été construite en 1792, sur les plans d'un officier du génie français. Les grandes forêts sont rares dans cette province. On y rencontre cependant des buffles sauvages, des cerfs, des éléphants, des sangliers, des tigres, etc. On trouve aussi des crocodiles et des serpents au bord des fleuves, et, dans les bois, des paons, des perroquets, etc. La culture du riz est générale dans les cantons du sud. *Cholon* ou la *ville chinoise* est très-importante ; elle était autrefois reliée à Saïgon, dont elle formait un faubourg. On y fait un grand commerce d'étoffes de coton et de soie, de poissons secs, de poteries et de riz. Le territoire de cette province est très-marécageux; mais il renferme des parties excessivement fertiles ; il a été au commencement de 1863 le théâtre d'opérations militaires considérables.   •

9   DONG-NAÏ, chef-lieu *Bien-Hoá*, sur le Dong-Naï. Quelques bancs de sable gênent la circulation dans cette partie du fleuve. De vastes forêts peuplées d'arbres précieux et les hautes montagnes de *Baria* ajoutent encore à l'effet pittoresque de cette contrée favorisée. On y trouve d'excellent minerai de fer et des salines considérables. Les forêts renferment aussi beaucoup d'éléphants, de rhinocéros, de sangliers , de tigres; de paons et divers autres oiseaux.

10   Les rivières importantes de la Basse Cochinchine sont une source de prospérité incalculable pour le commerce et la fertilité du sol ; mais elles peuvent, à un moment donné, devenir des artères où circule le poison de la révolte, et elles seront, pendant de longues années encore, un obstacle à la sécurité du pays.

11   **Le groupe de Poulo-Condore** fait partie de la Cochinchine française ; il est situé à environ 180 kilomètres du cap *Saint-Jacques*. La *Grande-Condore* est couverte de montagnes surtout vers l'ouest, et le sommet le plus élevé n'a pas moins de 596 mètres. L'intérieur de l'île, du côté de la baie du N.-E., est entièrement boisé, et la baie du S.-E. contient des rizières bien cultivées. La *Petite-Condore* placée au S.-O. de la Grande-Condore est très-montueuse ; le nœud principal donne une altitude de 217 mètres au-dessus du niveau de la mer. La population de Poulo-Condore est d'environ 4 à 500 âmes vivant de la pêche et de la culture du riz.

(*H. Bineteau, Bulletin de la Société de géographie.*)

AFRIQUE

Indépendamment de l'*Algérie* qui forme une seconde France, et que nous décrirons plus loin, page 59, la France possède encore en Afrique :

12   **La rade de Portendic**, à 257 kil. N. de *Saint-Louis* (*Sénégal*), et vers la limite du Sahara, est un comptoir qui n'est fréquenté qu'à l'époque de la traite des gommes.

13   **La colonie du Sénégal** est arrosée par le *Sénégal* qui lui donne son nom. Elle est divisée en 2 arrondissements: *Saint-Louis* et *Gorée*. Le 1er comprend l'île Saint-Louis qui renferme SAINT-LOUIS, chef-lieu de la colonie, et les établissements de *Lampsar*, de *Richard-Toll, Dagana, l'Escale du Coq*, près de Podor, *Bakel*. La plupart de ces postes sont dans le pays de *Oualo ;* le 2e, la côte sud, comprend l'île de GORÉE, et s'étend jusqu'à la Gambie et au comptoir de Seghiou. Gorée est le centre du commerce de la côte.

14   On rattache au Sénégal comme dépendances : *Abréda*, dans la Gambie, les comptoirs du *Grand-Bassam* et d'*Assinie*, sur la côte de Guinée. — L'intérieur du pays présente l'aspect le plus varié : riantes verdures, épaisses forêts de citronniers, d'orangers, etc. Le climat en est très-chaud : le thermomètre y monte jusqu'à 40°. Tous ces établissements ne sont importants que pour le commerce de la gomme (2 millions et demi de kilogrammes par an), de la cire, du cuir, des bœufs, des dents d'éléphants et de la poudre d'or. Les crocodiles, les hippopotames, les perroquets, les singes abondent dans ces régions.

15   **Dans l'océan Indien** ou mer des Indes, MAYOTTE, à 260 kil. N.-O. de Madagascar; 30,000 hectares de superficie et 7,000 habitants : cette île n'est fréquentée par les Européens que depuis 1740. Elle offre du bois d'ébène et du bois de natte. Le café et la canne à sucre y viennent bien; elle produit aussi du bois de sandal et d'ébène, du café, du coco, des noix. Presque tous les habitants sont mahométans, la plupart esclaves et très-paresseux.

16   NOSSI-BÉ, sur la côte N.-O. de Madagascar, à la France depuis 1841 : sol très-fécond ; café, canne à sucre, indigo, maïs, patates, riz et sésame; 19,500 hectares de superficie et 16,200 habitants.

17   Dans l'île de Madagascar nous avons eu aussi plusieurs établissements, mais ils ont été abandonnés ; cette île n'appartient plus que nominalement à la France.

18   **Ile Sainte-Marie**, près de la côte E. de Madagascar; climat chaud et humide. Beaucoup de bois, sol généralement pierreux; elle forme avec Mayotte et Nossi-Bé le gouvernement de *La Réunion*.

19   **Ile de La Réunion** (jadis *I. Bourbon*), dans l'océan Indien et le groupe des MASCAREIGNES, à 560 kil. E. de Madagascar, et à 16,250 de Brest; on peut y aller de France

en 36 jours. 1,708 kil. carrés, 6,000 habitants. Sol volcanique. Elle est divisée administrativement en 2 parties, *la partie du Vent* et *la partie Sous-le-Vent*. Le centre se compose de deux plateaux. Le premier, dit *Plaine des Palmistes*, offre un terrain fertile mais non cultivé ; le second offre des pâtures naturelles. Le *Gros-Morne*, au N., est un volcan éteint ; le *Piton de Fournaise*, au S., est toujours en activité. Nous y avons tracé, depuis quelque temps, une route de ceinture. Climat sain, bien que les chaleurs soient très-fortes et que l'île soit souvent dévastée par de terribles ouragans. Il n'y a point de ports, mais seulement quelques rades. La récolte du sucre est de 50,000,000 de kilog. par an ; café, 200.000 kil. ; cacao, cannelle, dattes, girofle, maïs, manioc, muscade, patates et tabac. La partie du Vent a pour chef-lieu *Saint-Denis*, où l'on a construit pour le déchargement 6 ponts prolongés au loin sur des pilotis en bois, et pour les passagers un large pont soutenu par des colonnes de fer. *Saint-Paul* est le chef-lieu de la partie Sous-le-vent.

AMÉRIQUE

20 Saint-Pierre-et-Miquelon à 30 kil. de la côte O. de Terre-Neuve ; c'est le chef-lieu et la principale station des vaisseaux français pour la pêche de la morue ; 210 kil. carrés et 2,200 habitants.

21 Antilles. — La partie N. de Saint-Martin : on y cultive particulièrement la canne à sucre et le tabac. **La Guadeloupe** (130,000 hab.), composée de deux îles que sépare un canal dit *Rivière-Salée*, est appelée *Grande-Terre* au N.-E., et *Basse-Terre* au S.-O. Climat généralement sain ; fréquents ouragans et tremblements de terre. La Grande-Terre est fertile en bois d'ébénisterie, cacao, café, cannes à sucre, épices, igname (plante farineuse et alimentaire), indigo, oranges, patates, plantes potagères et médicinales. Le sol de Basse-Terre, montueux et boisé, est dominé par le *volcan de la Soufrière*, et n'est cultivé que sur les côtes. On a exporté de cette île en France 23,558,000 kil. de sucre en 1854. On y importe de la bijouterie, des eaux-de-vie, des farines, de la quincaillerie, des tissus de lin et de chanvre, et des vins. Le chef-lieu est *Basse-Terre* ; la principale ville après celle-ci, est la *Pointe-à-Pitre* : c'était, avant le tremblement de terre de 1843, une des plus belles villes des Antilles. Le gouvernement de la Guadeloupe comprend les deux tiers de l'île Saint-Martin, La Désirade, Marie-Galante et Les Saintes.

22 La Désirade, à 9 kil. N.-E. de la Guadeloupe appartient à l'arrondissement de Pointe-à-Pitre : sol volcanique et sablonneux, où l'on cultive le coton.

23 Marie-Galante, à 40 kil. de la Grande-Terre ; **12,000 habitants.** Abords difficiles à cause de hautes falaises et de nombreux brisants ; sol fertile, culture importante de la canne à sucre, du café, du coton, de l'indigo et du tabac.

24 Les Saintes, groupe d'îles à 12 kil. S. de la Guadeloupe ; peu importantes sous le rapport de l'étendue et du produit, mais elles offrent d'excellents mouillages.

25 La Martinique, chef-lieu de nos possessions dans les Antilles, et, après l'Algérie, la plus importante des colonies françaises ; 987 kil. carrés, **136,460 habitants.** Elle forme un gouvernement divisé en 2 arrondissements : *Saint-Pierre* et *Fort-de-France*. Cette île est aussi de nature volcanique ; les hautes montagnes qu'elle renferme sont généralement des volcans éteints ; celui du *Mont-Pelé* s'est même ranimé tout à coup en 1851. Ces montagnes sont reliées par des *mornes*, collines de lave, aujourd'hui couvertes de bois. Les côtes présentent des baies et des ports nombreux. À l'exception des terres élevées, le sol est gras et fertile ; le climat est sain dans le voisinage de la mer, très-chaud dans l'intérieur, et la fièvre jaune y est fréquente. Un quart de l'île est couvert de forêts impénétrables : un tiers seulement est cultivé. Il se fait un commerce actif à *Saint-Pierre*. *Fort-de-France* est la capitale de l'île. Les chaleurs excessives et les pluies continuelles durent de juillet à octobre, et causent des maladies endémiques : c'est la saison de l'hivernage. Les productions sont celles des Antilles : cacao, café très-estimé, coton, sucre, tabac, etc. L'exportation du sucre brut a été de 24,927,000 kil. en 1854, et le chiffre des affaires avec la France de 38 millions de francs.

26 La Guyane française (superficie 150,000 kil. carrés, population 25,000 habitants) s'étend depuis l'embouchure du *Maroni* jusqu'à la rivière d'*Oyapok*. La colonie est divisée en 14 quartiers. La ville de *Cayenne*, située dans une île formée par les embranchements de la rivière du même nom, à l'endroit où elle se jette dans l'Océan, est le chef-lieu de la colonie. On évalue l'étendue des terres cultivées à 12,488 hectares et la valeur brute de leurs produits à une somme annuelle de 3,500,000 francs. La canne à sucre, apportée dans la colonie par les premiers colons, a pris, depuis 1822, une extension chaque jour croissante. L'importance des cultures et du commerce est bien loin d'y être en rapport avec la vaste étendue du pays et la fertilité des terres ; mais le manque de bras et de capitaux sont les deux grands obstacles qui s'opposent au rapide développement de la colonie sous ces deux rapports ; un accroissement progressif se fait cependant remarquer chaque année dans son commerce maritime. *Sinnamary*, à 90 kil. N.-O. de Cayenne, a été un établissement formé pour les déportés du 18 fructidor an V (4 sept. 1797) ; beaucoup d'entre eux y périrent.

OCÉANIE

27 Dans la Mélanésie : La Nouvelle-Calédonie, 360 kil. de long sur 48 à 60 de large, entourée de récifs, et montagneuse ; vastes bancs de corail à l'O. Belles forêts, sol fertile. Les habitants sont nègres et anthropophages. La France en a pris possession depuis 1853. Au N. est *Fort-de-France*, dans le havre de Balade ; c'est le seul point fréquenté par les navires européens. Une mission catholique est établie dans la petite *île des Pins*.

28 Dans la Polynésie : L'archipel des Marquises ou de Mandana, sous la protection de la France depuis 1842 ; c'est un groupe d'îles parmi lesquelles il faut distinguer *Nouka-Hiva* comme la plus grande de l'archipel. Sol montueux, boisé, quoique volcanique, côtes d'un accès difficile, à cause des récifs. Climat doux et sain. On y récolte du coton, de l'indigo, de la noix de bancoul et du tabac ; on y coupe aussi beaucoup de bois pour la charpente et l'ébénisterie. On y trouve le cocotier, le palmier et divers légumes et plantes alimentaires. Porcs et volailles en abondance.

29 Iles Wallis et Tonga. L'*île Wallis* est très-fertile. *Tonga* jouit d'un doux climat. Les habitants ont pendant longtemps massacré leurs prisonniers et sacrifiaient des victimes humaines ; mais, sous l'influence de la religion chrétienne, leurs mœurs se sont fort adoucies. Ils sont du reste fort industrieux et supérieurs, par leurs facultés, à la plupart des insulaires voisins.

30 Taïti, île de l'archipel du même nom, chef-lieu *Papéiti*. Elle est formée de deux presqu'îles entourées d'un récif de corail. Climat délicieux. Sol très-fertile, recouvert d'une végétation admirable : arbres à pain, bananiers, canne à sucre, cocotiers, palmiers, etc. L'ivrognerie est le vice habituel des habitants. On fait à *Papéiti* un commerce d'huile de baleine. L'archipel Toubouaï est au sud.

31 Iles Pomotou et Iles Gambier. Ces îles, peu considérables, ont été placées aussi depuis 1844 sous la protection de la France.

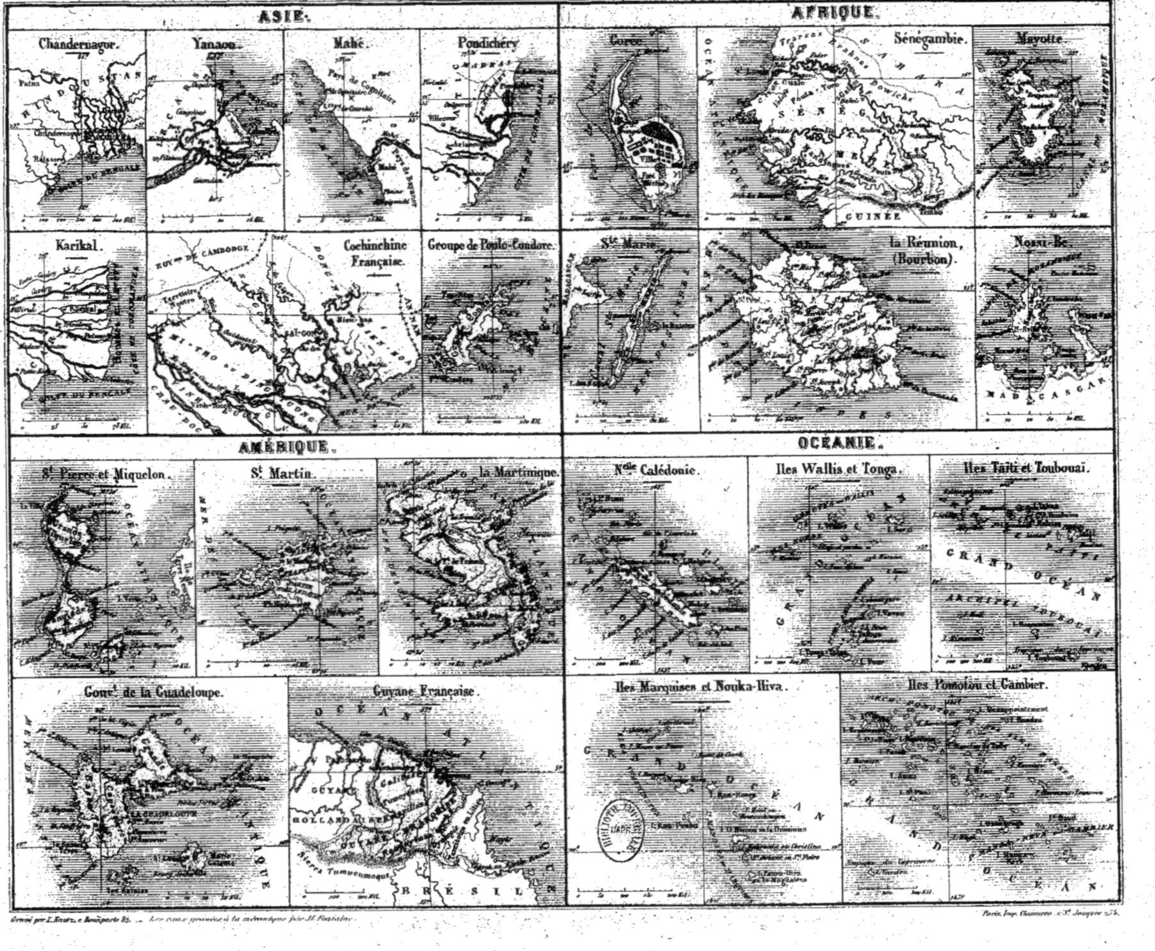

ASIE.
Chandernagor.
Yanaon.
Mahé.
Pondichéry.
Karikal.
Cochinchine Française.
Groupe de Poulo-Condore.
AFRIQUE.
Gorée.
Sénégambie.
Mayotte.
Ste Marie.
la Réunion, (Bourbon).
Nossi-Bé.
AMÉRIQUE.
St Pierre et Miquelon.
St Martin.
la Martinique.
Gouvt de la Guadeloupe.
Guyane Française.
OCÉANIE.
Nelle Calédonie.
Iles Wallis et Tonga.
Iles Taïti et Toubouaï.
Iles Marquises et Nouka-Hiva.
Iles Pomotou et Gambier.
Gravé par L. Rouez, r. Bonaparte 83. — Les eaux gravées à la mécanique par M. Fontaine.
Paris, Imp. Chaimont, r. St Jacques 224.

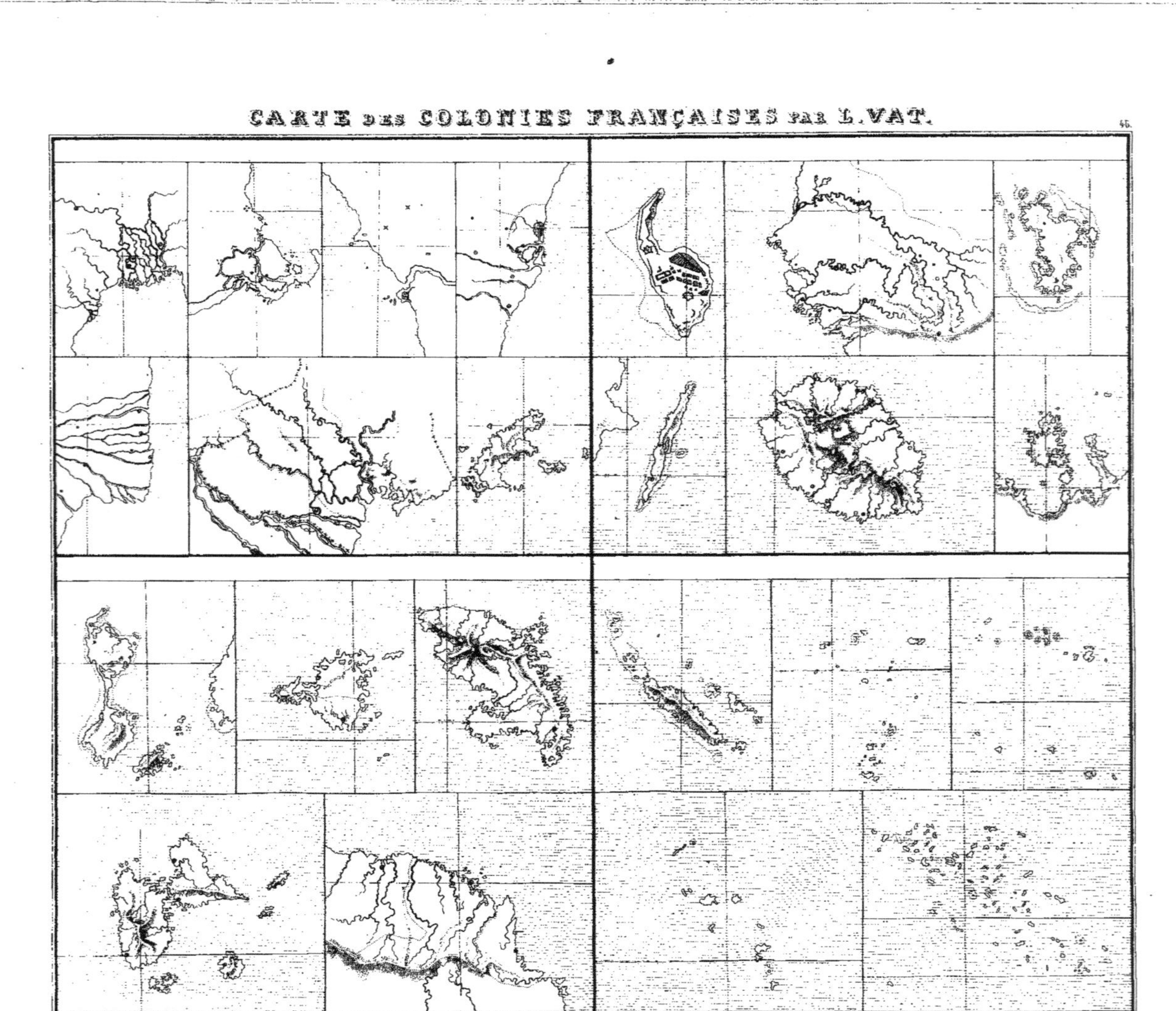

CARTE DES COLONIES FRANÇAISES PAR L. VAT.

SUISSE ou CONFÉDÉRATION HELVÉTIQUE

PARTIE POLITIQUE.

1 **Population.** — 2,510,494 habitants.

2 **Races.** — Allemande, française et italienne.

3 **Religion.** — Les trois cinquièmes de la population sont protestants et appartiennent à la *communion* dite *helvétique*. Le reste des habitants est catholique. Les neuf cantons catholiques sont Soleure, Lucerne, Zug, Schwitz, Unterwalden, Uri, Fribourg, le Valais et le Tessin ; six cantons sont protestants : Schaffhouse, Bâle, Zurich, Neuchâtel, Vaud et Glaris. Sept cantons sont mixtes : Argovie, Thurgovie, Appenzell, Saint-Gall, Berne, Genève et les Grisons.

4 **Gouvernement.** — Depuis le **12** septembre **1848**, la Confédération se compose de **22** cantons souverains qui s'administrent d'après leur constitution particulière. Les affaires qui touchent à l'intérêt général sont réglées par une diète composée de deux conseils siégeant à Berne : le conseil des États et le Conseil fédéral.

5 **Limites.** — Au N. le royaume de Wurtemberg et le grand-duché de Bade ; à l'O. et au S.-O. la France ; au S. le roy. d'Italie ; à l'E. le Tyrol qui fait partie de l'Autriche.

6 **Divisions.** — La Suisse se divise donc en **22** cantons, savoir : Schaffhouse, chef-lieu Schaffhouse, Laufen (*belle cascade du Rhin*). Bâle, chef-lieu Bâle *sur le Rhin* (*commerce actif*). Soleure, chef-lieu Soleure *sur l'Aar*. Argovie, chef-lieu Aarau *sur l'Aar* (*nombreuses industries*). Zurich, *le plus riche canton de la Suisse*, chef-lieu Zurich *sur le lac du même nom* (*grands établissements scientifiques*). Thurgovie, chef-lieu Frauenfeld (*soieries renommées*). Saint-Gall, chef-lieu Saint-Gall ; au sud, *Sfæfers* (*eaux minérales et ancienne abbaye*). Appenzell, chef-lieu Appenzell. Neuchatel, chef-lieu Neuchâtel *sur le lac de ce nom* ; *la Chaux-de-Fonds* (*grand commerce d'horlogerie*). Vaud, chef-lieu Lausanne, *Granson* (*grande victoire des Suisses sur Charles le Téméraire, 1476*) ; *Yverdun* et *Vevey*.

7 Genève, chef-lieu Genève *sur le lac Léman ou de Genève*, et *Carouge*. Fribourg, chef-lieu Fribourg, *Morat* (*victoire des Suisses sur Charles le Téméraire, 1476*), *Gruyères* (*fromages renommés*). Berne, chef-lieu Berne, cap., *à 415 kil. de Paris, sur l'Aar* ; *Porentruy* au nord. Lucerne, chef-lieu Lucerne *sur le lac du même nom* ; *Sempach* (*victoire des Suisses sur Léopold III, duc d'Autriche, 1386*). Zug, chef-lieu Zug, *Morgarten* (*victoire des Suisses sur les Autrichiens, 1315*). Schwitz, chef-lieu Schwitz. Glaris, chef-lieu Glaris (*excellents pâturages*). Unterwalden, chef-lieu Stanz. Uri, chef-lieu Altorf *patrie de Guillaume Tell*. Les Grisons, chef-lieu Coire. (*Ce canton donne naissance au Rhin*). Le Valais, chef-lieu Sion, *Louèche* (*eaux minérales*). Le Tessin, chef-lieu Lugano ; *Bellinzona* et *Locarno*.

8 La Suisse ne possède point d'**îles** ; un **canal** doit réunir le lac de Genève au lac de Neuchâtel.

9 **Chemins de fer.** — C'est Olten, dans le canton de Soleure, qui est le centre des chemins de fer de la Suisse. Au N. de cette ville est la ligne de Bâle, *Strasbourg*, etc. Au S.-O. la ligne de Neuchâtel, Genève, *Lyon*, etc., avec embranchements : 1° sur Berne, le lac de Genève et Sion ; 2° à Neuchâtel sur *Pontarlier*. Au S.-E, la ligne de Lucerne. A l'E. la ligne sur Aarau, Zurich et Coire, avec embranchement sur le lac de Constance. Point de **Colonies.**

PARTIE PHYSIQUE.

Aspect général. — Climat. — *La Suisse est un des pays les plus montagneux de l'Europe, et le plus élevé avec le Tyrol et la Savoie ; les Alpes centrales en couvrent la plus grande partie et en font une des plus belles et des plus curieuses contrées du monde. On donne le nom de Plateau de la Suisse à une plaine onduleuse qui commence à l'extrémité nord du lac de Genève, se continue jusqu'au lac de Constance et se termine entre le Rhin et le Danube. — Les glaciers des Alpes sont les réservoirs qui alimentent les plus grands fleuves de l'Europe ; la Suisse est proportionnellement la contrée la plus riche en eaux. — Quelques régions sont d'une grande fertilité, mais plus du quart de la superficie totale, occupé par les eaux, les glaciers et les rocs, est stérile. A mesure qu'on monte sur les montagnes, on voit la végétation changer et dépérir, les hommes et les troupeaux diminuer de taille et de force. Au delà de 2,000 mètres d'altitude, on ne trouve plus que d'humbles taillis, puis la verdure disparaît insensiblement, les lichens seuls couvrent les rochers ; enfin la nature, longtemps chétive et laide, devient imposante et terrible, et montre, au-dessus des noirs sapins, une ceinture de neiges et de glaces d'une prodigieuse élévation. — Le climat est généralement froid ; il varie beaucoup, suivant le degré d'élévation et l'exposition des lieux ; en huit ou dix heures de marche, on passe du froid le plus rigoureux à la température des contrées méridionales.*

10   **Superficie.** — 40,370 kilomètres carrés.

11   **Fleuves.** — Quatre bassins se partagent la Suisse. *Versant de la mer du Nord :* le Rhin qui prend sa source près du mont Saint-Gothard, traverse le lac de Constance, sépare en général la Suisse du pays de Bade et arrose en Suisse Coire, Schaffhouse, Laufen, où il a une chute de 33 mètres, et Bâle ; il reçoit R. G. l'Aar grossie de la Reuss et du Limmat.

12   *Versant de la Méditerranée :* le Rhône qui prend sa source dans le massif S. du mont Saint-Gothard, passe à Sion, se jette dans le lac de Genève, et en sort à Genève même ; le Doubs fait partie du même versant. *Versant de l'Adriatique :* le Tésin ou Tessin naît aussi près du Saint-Gothard, traverse le lac Majeur et entre en Italie, où il devient un des affluents du Pô R. G. *Versant de la mer Noire :* l'Inn, affluent du Danube R. D.

13   **Lacs.** — Les principaux sont ceux de Constance, de Bienne, de Neuchâtel, de Morat, de Zurich, de Sempach, de Zug, de Lucerne ou des Quatre Cantons, de Brienz, de Thun, de Genève et de Lugano.

14   **Montagnes.** — La ligne de faîte de l'Europe forme, dans la Suisse, les Alpes des Grisons jusqu'au mont Septimer, les Alpes Rhétiques occidentales jusqu'au mont Bernardino, les Alpes Lépontiennes jusqu'au mont Saint-Gothard (3,100ᵐ), les Alpes Bernoises, le mont Jorat et le Jura. Ses principaux contre-forts sont : le Krispalt, que le Saint-Gothard projette vers le N. et qui s'étend entre la Reuss et le Rhin, les Alpes Rhétiques orientales, les Alpes Lépontiennes occidentales jusqu'au mont Rosa, et les Alpes Pennines. Indépendamment des monts déjà nommés, on cite, parmi les points les plus importants : 1° dans la ligne de faîte, le mont Scaletta, le Finster Aarhorm (4,360ᵐ), le mont de la Dôle et le mont Tendre ; et, parmi les contre-forts, le Simplon (3,280ᵐ), le Rosa (4,621ᵐ) et le Grand Saint-Bernard (3,690ᵐ).

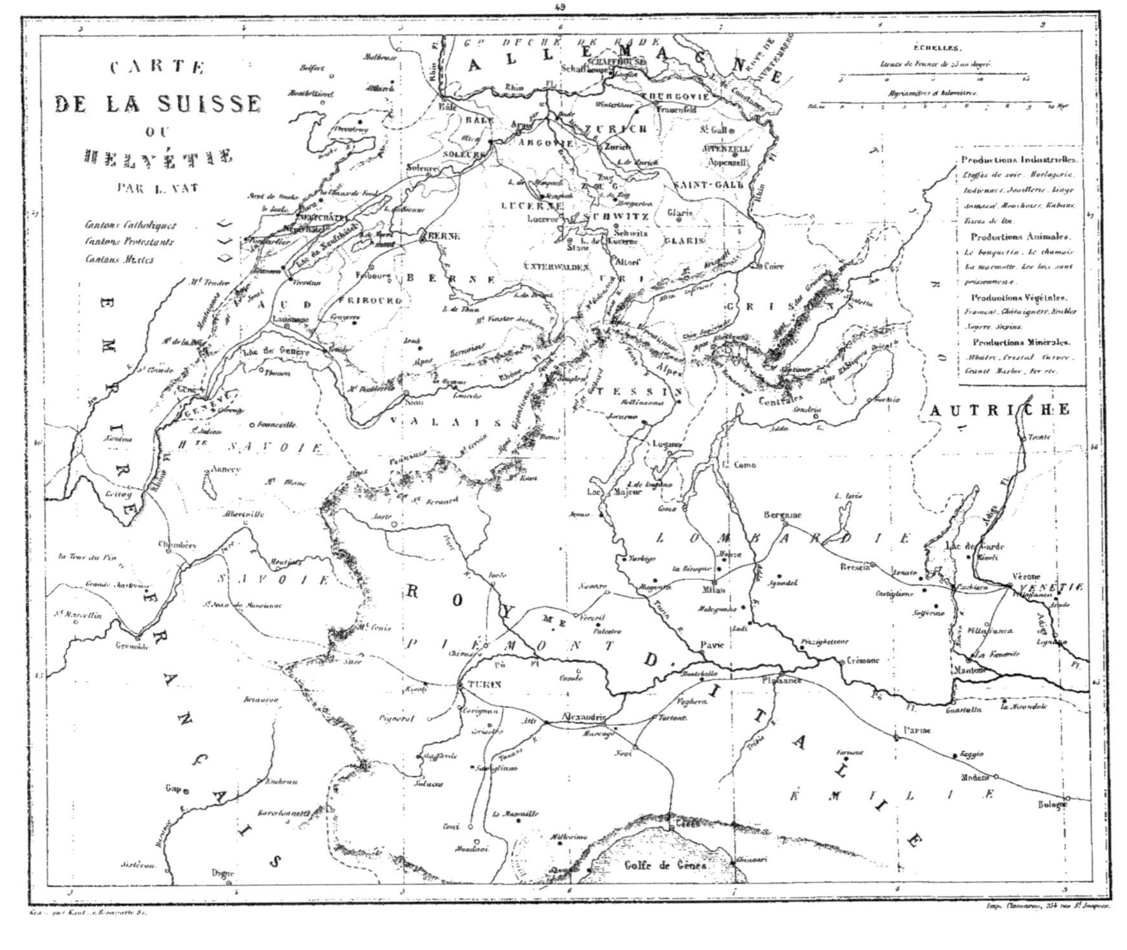

CARTE
DE LA SUISSE
OU
HELVÉTIE
PAR L. VAT

Cantons Catholiques
Cantons Protestants
Cantons Mixtes

ÉCHELLES.
Lieues de France de 25 au degré.
Myriamètres et kilomètres.

Productions Industrielles.
Étoffes de soie. Horlogerie.
Indiennes. Joaillerie. Linge
damassé. Mouchoirs. Rubans.
Tissus de lin.
Productions Animales.
Le bouquetin. Le chamois.
La marmotte. Les bois sont
poissonneux.
Productions Végétales.
Froment. Châtaignes. Érables
Noyers. Sapins.
Productions Minérales.
Albâtre. Cristal. Cuivre.
Granit. Marbre. Fer etc.

ALLEMAGNE
Gd DUCHÉ DE BADE
ROYme DE WURTEMBERG
AUTRICHE
EMPIRE FRANÇAIS
ROYME DE PIÉMONT D'ITALIE
LOMBARDIE
VÉNÉTIE
ÉMILIE

SCHAFFHOUSE
THURGOVIE
ZURICH
ARGOVIE
APPENZELL
SAINT-GALL
LUCERNE
SCHWITZ
GLARIS
UNTERWALDEN
URI
GRISONS
TESSIN
BERNE
FRIBOURG
VAUD
GENÈVE
VALAIS
HTE SAVOIE
SAVOIE
NEUCHÂTEL

Belfort
Mulhouse
Altkirch
Montbéliard
Porrentruy
Bâle
Aarau
Soleure
Constance
Winterthour
Frauenfeld
St Gall
Appenzell
Coire
Glaris
Schwitz
Lucerne
Altorf
Berne
Fribourg
Gruyère
Lausanne
Lac de Genève
Thoune
Nyon
Bellinzona
Locarno
Lugano
Lac Majeur
Côme
Bergame
Milan
Pavie
Crémone
Plaisance
Parme
Reggio
Modène
Bologne
Vérone
Lac de Garde
Trente
Mantoue
Brescia
Turin
Alexandrie
Chambéry
Annecy
Mt Blanc
Moutiers
Albertville
Grenoble
Gap
Digne
Coni
Golfe de Gênes
Nice

Gravé par Kaut, R. Bonaparte 8c.
Imp. Clamaron, 254 rue St Jacques.

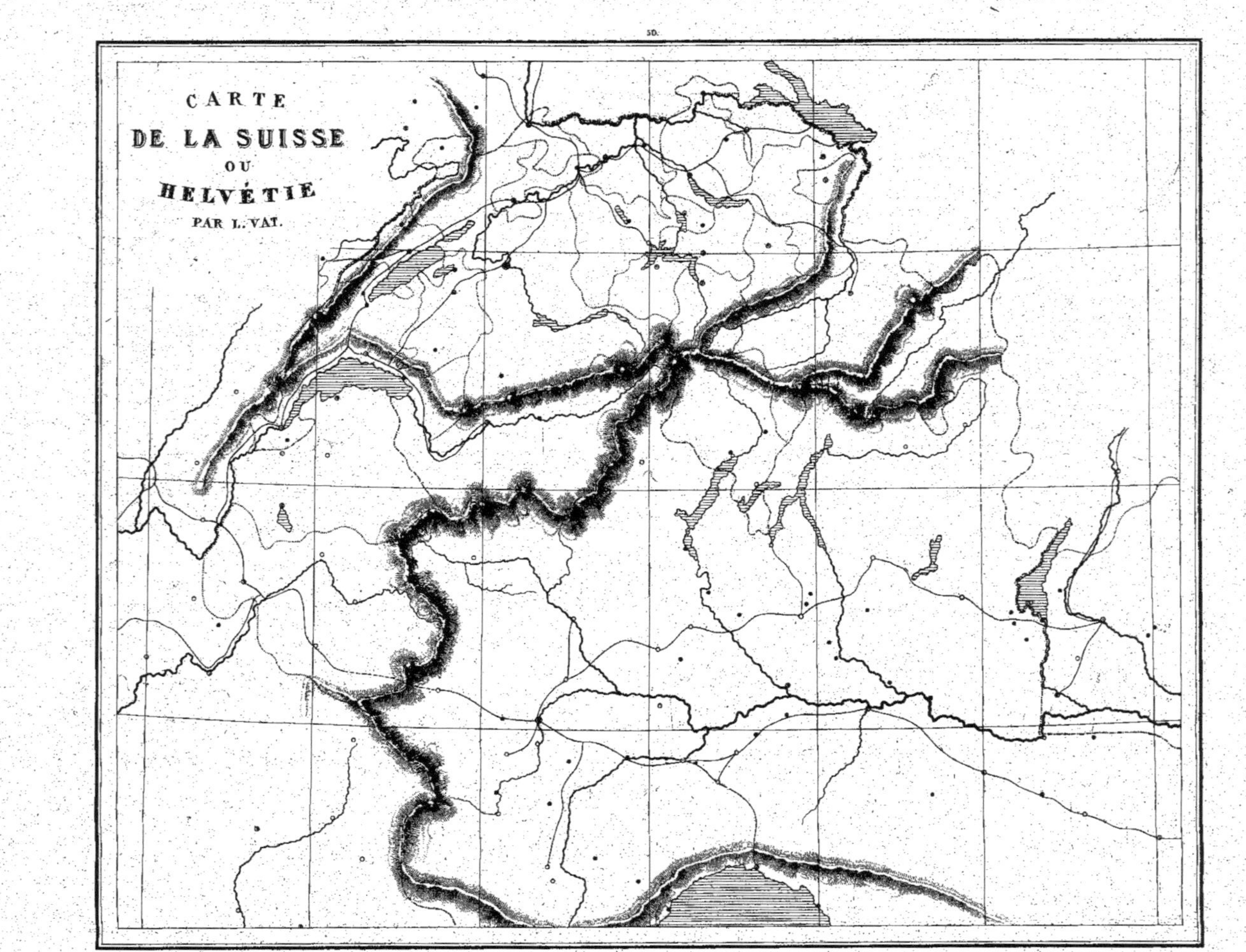

CARTE
DE LA SUISSE
OU
HELVÉTIE
PAR L. VAT.

PORTUGAL

PARTIE POLITIQUE

1 **Population.** — 4,035,330 habitants, pour le continent et les îles.

2 **Races.** — Celtibère et gothique.

3 **Religion.** — La presque totalité des habitants professe la religion catholique, mais toutes les religions sont tolérées.

4 **Gouvernement.** — Il est monarchique constitutionnel ; des *Cortès*, c'est-à-dire des assemblées délibérantes partagent avec le roi le pouvoir exécutif. Louis Ier, depuis **1861**.

5 **Limites.** — A l'O. et au S. l'océan Atlantique, à l'E. et au N. l'Espagne.

6 **Divisions.** — Le Portugal est divisé en 7 provinces : 1° ENTRE DOURO ET MINHO, Braga, *Oporto*; 2° LE TRAS-OS-MONTES, Bragance, *Villa-Réal*; 3° LE BEIRA, *Lamego, Ovar, Viseu, Castello-Branco,* Coimbre; 4° L'ESTRAMADURE, LISBONNE, *cap. de tout le royaume, sur le Tage, à 1,822 kil. de Paris, Abrantès, Santarem, Setubal;* 5° L'ALEMTÉJO, Evora *et Beja;* 6° L'ALGARVE, Faro, *Tavira;* 7° LES AÇORES, groupe d'îles situé en face de la côte N.-O. de l'Afrique : île Terceire, Angra, *cap.* et île Saint-Michel.

7 **Chemins de fer.** — Ligne du Nord, de Lisbonne à Porto, par Cintra et Coimbre; ligne de l'Est, de Lisbonne à Santarem ; ligne du sud, de Barreiro à Béja, par Evora.

8 **Colonies.** — *En Asie :* deux établissements dans le Guzerate, Diu, Damao ou Damaun et Goa, sur la côte occidentale des Indes, et Maeao, sur les côtes de la Chine.

9 *En Afrique.* Iles de Madère et de Porto-Santo, l'arch. du Cap-Vert, les établissements de Sénégambie, I. du Prince, I. Saint-Thomas, dans le golfe de Guinée, les provinces coloniales du Congo, d'Angola et de Benguela, et la province de Mozambique.

10 Le Brésil, *en Amérique,* était, avant **1821**, une colonie portugaise.

11 *En Océanie.* (*Malaisie*) I. Solor, et Dillé dans l'île Timor.

PARTIE PHYSIQUE

Aspect général. — **Climat.** — *Le Portugal occupe le gradin inférieur du versant occidental de la Péninsule hispanique. Plus favorisé que l'Espagne, il la prive des embouchures de ses trois grands fleuves et de la seule portion de leur cours qui soit navigable; il jouit enfin d'une frontière naturelle très-redoutable, quoique contraire aux lois de géographie physique. Elle ne consiste pas, en effet, en une seule et même ligne de montagnes, mais les contre-forts des chaînes espagnoles forment comme une longue et épaisse muraille qui ouvre à peine quelques brèches pour livrer passage à des fleuves brisés et torrentueux. — La température y est beaucoup plus élevée qu'en Espagne; les chaleurs de l'été sont accablantes, et pendant l'hiver il ne tombe de neige que sur le sommet des montagnes.*

12 **Superficie.** — 94,430 kilomètres carrés.

13 **Mer.** — L'océan Atlantique.

14 **Fleuves.** — Le Minho (*prononcez Minio*), le Douro, le Tage qui passe à Lisbonne, et la Guadiana.

15 **Caps.** — Roca et Saint-Vincent.

16 **Montagnes.** — Elles ne sont que la continuation des grandes chaînes centrales de l'Espagne; la principale est la Sierra-Estrella dans le Beira.

ESPAGNE

PARTIE POLITIQUE.

17 **Population.** — 15,454,514 habitants, pour le continent et les îles.

18 **Races.** — Celtibère et gothique.

19 **Religion.** — Catholique romaine.

20 **Gouvernement.** — Monarchique et constitutionnel. Isabelle II a succédé à son père Ferdinand VII depuis 1833.

21 **Limites.** — Au N. les Pyrénées, qui séparent l'Espagne de la France, la M. de Biscaye ou de France ; à l'O. l'océan Atlantique et le Portugal ; au S. le détroit de Gibraltar, et à l'E. la mer Méditerranée.

22 **Divisions.** — Depuis le 30 novembre 1833, le territoire espagnol et les îles adjacentes ont été divisés, au point de vue militaire, en 13 capitaineries générales et 5 petits gouvernements ou commandements généraux : 1° la GALICE, *le Ferrol*, la Corogne, *Santiago*, (*Saint-Jacques de Compostelle*), *Lugo* et *Orense* ; 2° les ASTURIES, *Gijon* et *Oviédo* ; 3° le royaume de LÉON. Léon, *Zamora* et *Salamanque* ; 4° la VIEILLE-CASTILLE, *Santander*, Burgos, *Logrono*, *Palencia*, *Soria près des ruines de l'ancienne Numance*, *Valladolid*, *Ségovie* et *Avila* ; 5° les PROVINCES BASQUES ou VASCONGADES, composées de la Biscaye, du Guipuscoa et de l'Alava ; villes princ. : *Bilbao*, Saint-Sébastien, *le Passage* et *Vitoria* ; 6° la NAVARRE, *Pampelune*, et *Roncevaux* au N. ; 7° l'ARAGON, Huesca, Saragosse, *Teruel* ; 8° la CATALOGNE, *Lérida*, *Mataro*, Barcelone, *Reus* et *Tarragone*. Au N. la rép. d'Andorre, *sous la protection de la France et de l'Espagne*.

23 9° L'ESTREMADURE, *Alcantara*, *Cacerès*, Badajos, *Mérida* ; 10° la NOUVELLE-CASTILLE, MADRID, *cap. du royaume, sur le Manzanarès, à 1,444 kil. de Paris*, *l'Escurial au N.-O.* ; *Guadalajara*, *Alcala-de-Hénarès*, *Tolède*, *Ciudad-Réal et Almaden* ; 11° le ROYAUME DE VALENCE, Valence ☩, *Castellon-de-la-Plana et Alicante* ; 12° le ROYAUME DE MURCIE,

Albacète, *Almanza*, Murcie, *Carthagène* ; 13° l'ANDALOUSIE, Cordoue *sur le Guadalquivir*, Séville *sur le même fleuve, Palos, Xérès, Cadiz sur l'Océan, Gibraltar aux Anglais depuis 1713* ; Grenade et *Malaga*, *dans la province de Grenade*. Les îles adjacentes forment aussi deux provinces : 1° LES BALÉARES, *Ivice dans l'île Ivice*, Palma, *cap. du groupe, dans l'île Majorque* ; *Port-Mahon dans l'île Minorque* ; 2° les îles Canaries, *cap. Santa-Cruz dans l'île de Ténérife*.

24 Les petits gouvernements sont : Mahon et Ivice dans les Baléares, Campo de Gibraltar dans le continent, et Ceuta sur la côte d'Afrique.

25 **Canaux.** — Le canal d'Aragon, ou canal impérial, fait communiquer la Navarre avec la Méditerranée par l'Èbre ; le canal de Castille joint la Méditerranée à l'Océan par l'Èbre et le Douro ; le canal de Murcie prend naissance à Carthagène et fait communiquer la Méditerranée avec l'Océan, par le Guadalquivir.

26 **Chemins de fer.** — Ligne du Nord-Est, de Madrid à Barcelone, par Guadalajara et Saragosse, avec prolongement projeté sur *Perpignan* ; à Saragosse se détache un embranchement sur Pampelune, lequel se relie au chemin de fer de *Bordeaux*, par Saint-Sébastien et *Bayonne*. Ligne du Nord, de Madrid à Santander, par Avila, Valladolid et Palencia, avec embranchement sur Burgos ; autre embranchement projeté sur Léon et la Corogne. Ligne du Sud, de Madrid à Cadix, par Aranjuez, Ciudad-Réal, Cordoue, Séville et Xérès. Il faut y joindre quelques petits tronçons, entre autres ceux de Gijon à Langréo, d'Aranjuez à Tolède, de Tarragone à Reus, etc.

27 **Colonies.** — Population 4,746,233 habitants. *En Afrique* : Ceuta et quelques présides, sur la côte de Maroc, et les î° Anobon. *En Amérique* : Cuba et Porto-Rico parmi les Antilles. *Dans l'Océanie* : les Mariannes et les Carolines (*Micronésie*) ; les Philippines (*Malaisie*).

PARTIE PHYSIQUE

Aspect général. — Climat. — *L'Espagne forme un vaste plateau très-élevé que surmontent plusieurs chaînes de montagnes, généralement nues et déboisées. Les cours d'eau qui l'arrosent sont en général navigables sur un très-faible parcours, peu profonds, sujets à des crues violentes, et sont peu utiles comme voies de communication.— Si le climat est chaud au midi, il est tempéré partout ailleurs ; le ciel est d'une beauté parfaite, seulement deux vents causent des maladies : le galego, froid et piquant, qui souffle du nord, et le solano, vent du sud.*

28 **Superficie.** — 473,838 kilomètres carrés.

29 **Mers.** — A l'O. l'océan Atlantique, qui forme au nord la mer de Biscaye, et qui communique par le **Détroit de Gibraltar** avec la Méditerranée.

30 **Golfe.** — De Gascogne au N.

31 **Fleuves.** — *Versant de l'O. ou de l'Océan :* La Bidassoa ; auprès de son embouchure se trouve l'île des Faisans, où fut signé le traité des Pyrénées (1659) ; le Minho (Minio) ; le Douro qui prend sa source à quelques kilomètres de Soria et arrose Zamora ; le Tage qui reçoit le Henarès grossi du Manzanarès sur lequel est situé Madrid : il arrose Tolède ; la Guadiana qui passe à Badajos ; le Guadalquivir qui arrose Cordoue et Séville. *Versant de l'E. ou de la Méditerranée :* La Ségura qui arrose Murcie ; le Jucar qui passe à Cuença, et l'Èbre qui passe à Logrono et à Saragosse.

32 **Lac.** — D'Albuféra au S. de Valence.

33 **Caps.** — Ortégal au N. de la Galice ; Finisterre, à l'O. de la même capitainerie ; et Trafalgar près de Cadix.

34 **Montagnes.** — Les Pyrénées qui séparent la France de l'Espagne et se prolongent à travers les Asturies et la Galice sous le nom de monts Cantabres ; on y remarque le mont Maladetta, le pic Posets et le mont Perdu, les monts Ibériques qui se rattachent à ces derniers pour terminer au S. la grande ligne de partage des eaux, et qui prennent successivement les noms de Sierra de Oca, Sierra de Albarracin, Sierra Cuença, Sierra Nevada, pour prendre fin au cap Trafalgar. Des monts Ibériques se détachent, vers l'O., plusieurs contre-forts : la Sierra de Guaderrana, entre le Douro et le Tage, les monts de Tolède, entre le Tage et la Guadiana, et la Sierra Morena, entre la Guadiana et le Guadalquivir.

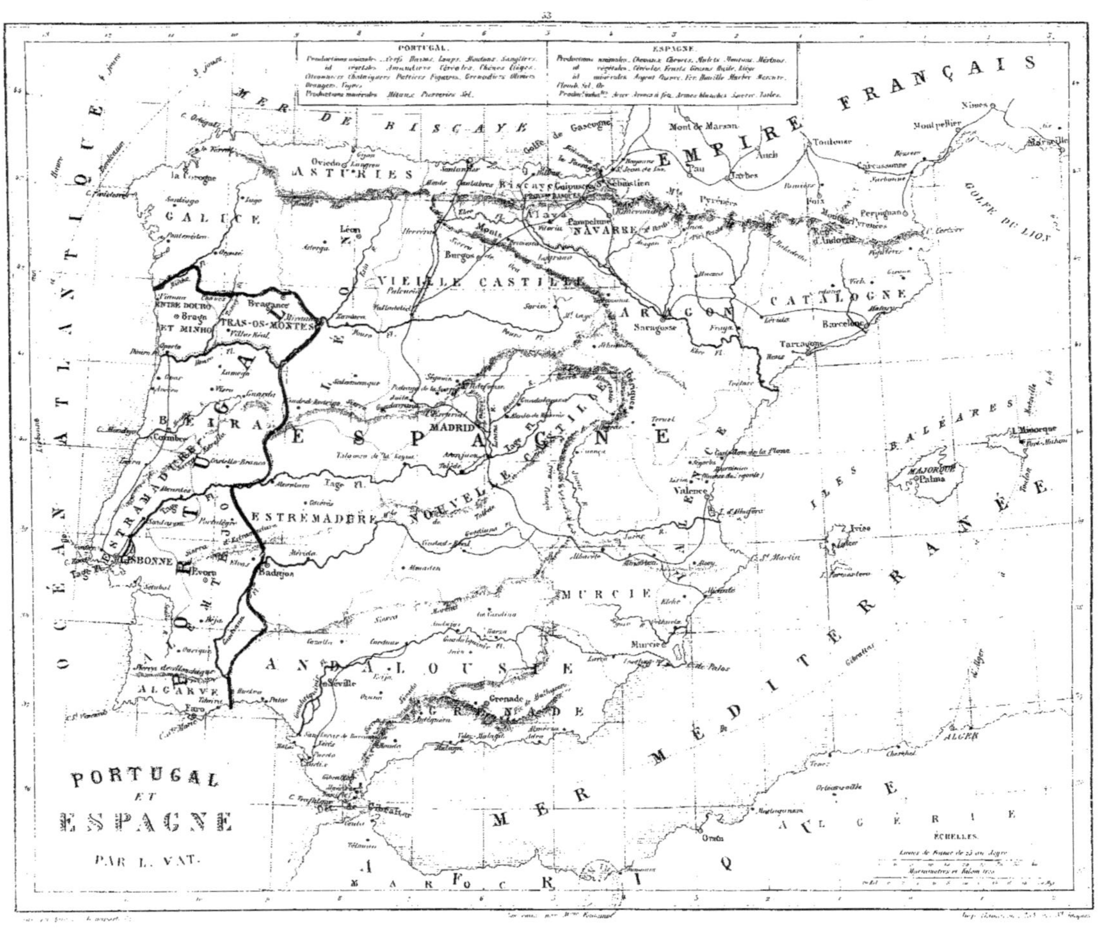

PORTUGAL
ESPAGNE
PORTUGAL
ET
ESPAGNE
PAR L. VAT.
EMPIRE FRANÇAIS
OCÉAN ATLANTIQUE
MER DE BISCAYE
GOLFE DU LION
MER MÉDITERRANÉE
MER ALGÉRIE
MAROC
GALICE
ASTURIES
BISCAYE
NAVARRE
VIEILLE CASTILE
ARAGON
CATALOGNE
ENTRE DOURO ET MINHO
TRAS-OS-MONTES
BEIRA
ESTRAMADURE
ESTREMADURE
NOUVELLE CASTILE
ALGARVE
ANDALOUSIE
GRENADE
MURCIE
VALENCE
ILES BALÉARES
MAJORQUE
Palma
Minorque
MADRID
LISBONNE
Evora
Badajos
Barcelone
Tarragone
Saragosse
Valence
Séville
Grenade
Malaga
Gibraltar
Léon
Oviedo
Burgos
Pampelune
Vitoria
S.t Sebastien
Coïmbre
Oran
Alger
Montpellier
Marseille
Nimes
Toulouse
Pau
Mont de Marsan
Auch
Perpignan
Andorre
ÉCHELLES
Lieues de France de 25 au degré
Myriamètres ou Lieues de 10,000

PORTUGAL
ET
ESPAGNE
PAR L. VAT.

ITALIE

PARTIE POLITIQUE

1 **Population.** — 21,776,953 habitants, non compris la Vénétie et les États du Pape.

2 **Races.** — Les premiers peuples qui habitèrent cette contrée furent les Aborigènes, les Celtes, les Pélasges et les Étrusques.

3 **Religion.** — La religion catholique est dominante.

4 **Gouvernement.** — Il est monarchique et constitutionnel. Victor-Emmanuel II, successeur de son père Charles-Albert, est roi de Sardaigne depuis 1849, et d'Italie depuis 1861.

5 **Limites.** — Au N. l'Autriche et la Suisse, à l'O. la France dont elle est séparée par les Alpes; la Méditerranée qui y forme la mer Tyrrhénienne à l'O. et la mer Ionienne au S.; à l'E. la mer Adriatique.

6 **Divisions.** — L'Italie se compose aujourd'hui : 1° de la VÉNÉTIE au N.-E. faisant encore partie de l'Autriche (*Voy. page 28*); 2° du ROYAUME D'ITALIE, et 3° des ÉTATS DU PAPE.

7 ROYAUME D'ITALIE. — Il est divisé en 59 provinces, que l'on peut grouper en 10 principales. — Villes et lieux remarquables : (*Ancien Piémont*) Aoste, Novare, *Suse*, TURIN, *cap. du roy.*, à 825 kil. de Paris, Pignerol, Alexandrie, *Marengo*, Gênes, *Spezzia*.

8 Partie de l'ancienne Lombardie réunie au Piémont par suite de la conquête qu'en fit la *France en 1859* : *îles Borromées*, dans le lac Majeur, Come, Bergame, *Magenta*, Milan, Brescia, *Solférino* (grande victoire de Napoléon III sur les Autrichiens en 1859), Pavie, *sur le Tessin*, dans l'Émilie, Plaisance, Parme, *anc. cap. du duché de Parme et Plaisance*, Modène, Bologne et Massa. Dans la Romagne, Ferrare, Ravenne, *Faënza* et Saint-Marin.

9 *Dans l'anc. Toscane* : Lucques, Pise, Florence, *anc. cap.*, sur *l'Arno*, Livourne, Sienne et Arezzo; Urbin, Ancône, *dans les Marches*, et Pérouse *dans l'Ombrie*.

10 *Dans l'anc. roy. de Naples* : Aquila, *Gaëte*, *Capoue*, Caserte, *Cerignola*, NAPLES, *anc. cap. du roy.* à 1,990 kil. de Paris, à l'O. du mont Vésuve; *aux environs se trouvent les ruines de Pompéi, et d'Herculanum*; Amalfi, Salerne, Bari, *Brindes*, *Otrante*, Tarente, Cosenza, Reggio.

11 ÉTATS DU PAPE (S. S. Pie IX, depuis 1846). 700,000 hab., 214 kil. carrés. Des 20 provinces dont ils étaient composés en 1849 il ne reste plus que les provinces de Rome, de la Comargue, de Viterbe, de Civita-Vecchia, de Velletri et de Frosinone. *Villes principales :* Civita-Vecchia et ROME, *la cap. du monde catholique*, avec Ostie pour port.

12 **Îles.** — (*Elles font partie du roy. d'Italie*). I. d'Elbe, I. de Sardaigne : Sassari et Cagliari; *Ponza*, *Procida*, et *Ischia* à l'O. de Naples, I° Lipari, I° Égades, près des côtes de la Sicile; *Pantellaria*, *Linosa* et *Lampedouze* entre l'Afrique et la Sicile. I. de Sicile : Palerme *anc. cap.*, *Girgenti* (*ruine d'Agrigente*), Syracuse, *Catane* et Messine.

13 I. de Malte *aux Anglais*, cap. *La Valette*.

14 **Canaux.** — Le nord de l'Italie est sillonné de canaux très-nombreux : un des principaux est le Naviglio Grande, qui va de Milan au Tessin.

15 **Chemins de fer.** — Les principales lignes sont : la ligne qui sort de France au mont Cenis et qui se dirige sur Venise et *Vienne* (*Autriche*) par Suse, Turin, Novare, Milan, Bergame, Brescia et Vérone, avec embranchements sur Coni, sur Gênes, sur Pavie, sur Côme et sur Mantoue. Une ligne va de Turin à l'Adriatique par Alexandrie, Plaisance, Parme, Modène et Ancône. Une autre ligne particulière va de Livourne à Pise, Florence et Arezzo avec embranchement sur Lucques et sur Sienne; et une autre de Rome à Civita-Vecchia. De Naples se dirigent, vers le nord, la ligne de Caserte et celle de Capoue, et au sud celle de Salerne..

PARTIE PHYSIQUE

Aspect général. — Climat. — *Les Alpes entourent l'Italie comme d'une ceinture demi-circulaire, mais elle la défendent mal, car leur pente la moins rapide est au nord, par où viennent les invasions. Aussi, les plaines fertiles de l'Italie septentrionale ont-elles été, depuis les temps historiques, le champ de bataille des nations européennes. Cette partie continentale de l'Italie diffère entièrement de la partie péninsulaire. Au nord, entre l'Apennin et les Alpes, sont de vastes plaines arrosées par le Pô et ses nombreux affluents. Le pays a été formé par les alluvions des rivières, et présente un territoire d'une prodigieuse fertilité; mais les débordements des fleuves le menacent d'inondations incessantes. La partie péninsulaire est tout autre : l'Apennin, qui la traverse, empêche les fleuves de se développer; les cours d'eau ne sont plus guère que des torrents, encore assez étendus sur la côte occidentale, plus éloignée de la montagne, mais courts et rapides sur la côte orientale; les lacs intérieurs remplissent d'anciens cratères. — La différence des deux parties de l'Italie est également marquée dans leur climat. Dans la partie continentale, le voisinage des Alpes, l'abondance des fleuves, entretiennent le plus délicieux climat; et la péninsule, principalement dans sa partie méridionale, ressemble plus à l'Afrique qu'à l'Europe : elle a de l'Afrique le climat sec et brûlant, et le redoutable sirocco, qui souffle sur les côtes.*

16 **Superficie.** — 256,396 kilomètres carrés, pour le roy. d'Italie, et 75,259 mètres pour les États du Pape.

17 **Mers.** La mer Méditerranée qui forme la mer Tyrrhénienne à l'O. et la mer Ionienne au S.; la mer Adriatique à l'E.

18 **Détroits.** — Le détroit de Bonifacio entre la Corse et la Sardaigne, le détroit ou phare de Messine, entre l'Italie et la Sicile, le canal d'Otrante, qui joint la Méditerranée à l'Adriatique.

19 **Golfes.** — Dans la Méditerranée : golfes de Gênes, de Naples, de Salerne et de Tarente; et dans l'Adriatique, le golfe de Venise.

20 **Fleuves.** — *Versant de la Méditerranée* : l'Arno arrose Florence et Pise; le Tibre passe à Rome et à Ostie et reçoit la Chiana R. D., le Garigliano se jette dans le golfe de Gaëte, le Volturno arrose Capoue. *Versant de l'Adriatique* : le Pô naît au mont Viso près de la France, il arrose Turin et Plaisance; parmi ses nombreux affluents, il reçoit R. G. le Tessin, l'Adda et le Mincio; enfin l'Adige qui se lie au Pô par de petits canaux.

21 **Lacs.** — Majeur, Como, Isséo et de Garde au N.; Pérouse et Bolséna au centre.

22 **Caps.** — Le cap Passaro au S.-E. de la Sicile, et le cap de Leuca au S.-E. de l'Italie méridionale.

23 **Montagnes.** — Au N. la chaîne des Alpes qui se compose du mont Saint-Gothard, des Alpes Lépontiennes, du mont Simplon, du mont Rosa, des Alpes Pennines, du Grand Saint-Bernard, du mont Blanc, des Alpes Grées, du mont Cenis, des Alpes Cottiennes, du mont Viso, et des Alpes Maritimes; à cette chaîne se rattachent comme ramification les Alpes Rhétiques au N.-E., qui vont rejoindre les Balkans et la chaîne des Apennins au S.-O., laquelle traverse toute la Péninsule et se prolonge au-delà même de l'Italie, dans la Sicile.

24 **Volcans.** — Le Vésuve, près de Naples; l'Etna, en Sicile.

PRINCIPAUTÉS SLAVES OU DANUBIENNES

25 **Population.** — 4,983,920 habitants.

26 **Races.** — Slave, albanaise et turque.

27 **Religions.** — La religion grecque domine; il y a aussi des catholiques, des arméniens, des juifs et des mahométans.

28 **Gouvernement.** — La Moldavie et la Valachie ont été déclarées en 1858 principautés unies : elles ont des princes *hospodars*; la Servie est gouvernée par des princes héréditaires qui reçoivent l'investiture du sultan; ces 3 provinces sont tributaires de l'Empire Ottoman.

29 **Limites.** — Au N. l'Autriche, à l'O. et au S. la Turquie, et à l'E. la Russie.

30 **Divisions.** — Les 3 provinces dont se composent les principautés sont donc : 1° LA MOLDAVIE, cap. Jassi; 2° LA VALACHIE, cap. Bukharest; 3° LA SERVIE, cap. Belgrade, et Semendria.

TURQUIE D'EUROPE

PARTIE POLITIQUE

31 **Population.** — 15,730,000 habitants.

32 **Races.** Slave, albanaise, turque et grecque.

33 **Religion.** — La religion dominante est l'islamisme; les autres cultes sont tolérés; l'Église russe et l'Église grecque sont maintenant indépendantes.

34 **Gouvernement.** — Le gouvernement est une monarchie despotique et théocratique; le *Grand Seigneur* ou *Sultan* est le chef suprême de l'empire et le grand pontife de l'islamisme. Abd-ul-Aziz, depuis 1861.

34 *b.* **Limites.** — Au N.-E. la Russie, au N. les Principautés et l'Autriche; au N.-O. la Croatie; à l'O. la Dalmatie, la mer Adriatique et la mer Ionienne; au S. la Grèce; à l'E. l'Archipel, le détroit des Dardanelles, la mer de Marmara, le détroit de Constantinople et la mer Noire.

35 **Divisions.** — L'empire ottoman est divisé en 35 éyalets ou pachaliks dont les administrateurs portent le titre de Walis (vice-rois). En Europe, on compte 14 éyalets; mais les géographes conservent les anciennes divisions à cause de leur importance historique.

36 1° LA BOSNIE, Bosna-Seraï *cap.*; L'Herzégovine, au S.-O., n'est soumise que nominale-

ment aux Turcs; 2° la Servie turque, Leskovatz *cap.*; 3° LA BULGARIE, *Silistrie sur le Danube, Varna sur la mer Noire*, Sophia; 4° L'ALBANIE, Scutari, *Durazzo*, Janina. Au N.-E. est le Monte-Négro; 5° LA ROUMÉLIE OU ROMANIE, qui correspond à la Thrace et à la Macédoine des anciens; Andrinople *sur la Maritza*; CONSTANTINOPLE, *anc. Byzance*, *cap. de tout l'empire*, à 2,600 *kil. de Paris*, Salonique, Gallipoli *sur le détroit de ce nom*; 6° LA THESSALIE, *Larisse*, Tricala.

37 **Iles.** — Dans l'Archipel : Thasso, Samothraki, Imbro et Lemno. Dans la Méditerranée : île de Candie, Candie *cap.*, et *La Canée.*

37 *bis* **Chemins de fer.** — Une petite ligne fait communiquer, à Tchernavoda, le Danube avec la mer Noire.

37 *ter* **Possessions hors de l'Europe.** — La Turquie d'Asie qui comprend l'Asie Mineure, l'Arménie turque, le Kurdistan, l'Al-Djézireh, l'Irac-Arabi, la Syrie. D'autres pays reconnaissent seulement la suzeraineté de la Turquie, ce sont : plusieurs petits États du N. et de l'O. de l'Arabie, l'Égypte et quelques territoires en Nubie, l'Abyssinie et le Cordofan, la régence de Tripoli et celle de Tunis.

PARTIE PHYSIQUE

Aspect général. — Climat. — *Dans les provinces danubiennes, la culture des céréales est poussée beaucoup au delà de ce qui est nécessaire à la consommation, et en Turquie la terre est si féconde qu'elle rend 15 fois le grain pour le froment, et 300 fois pour le maïs. Aussi la majeure partie de cet empire est-elle d'une merveilleuse fécondité. Les steppes marécageuses qui avoisinent les bouches du Danube, les monts pierreux de l'Albanie, quelques districts sablonneux au cœur de la Roumélie, sont les seules régions entièrement stériles; les forêts de l'Albanie sont renommées pour l'excellence de leurs bois de construction. Le ciel est un des plus beaux du monde. — La différence des latitudes et les inégalités de hauteur déterminent, il est vrai, dans le climat, de fortes gradations et quelques contrastes saillants. Cependant, même dans les provinces au nord des Balkans, où il est le plus rude, l'hiver ne maintient pas longtemps sa rigueur. A Constantinople, le Bosphore n'a pas gelé depuis 1755.*

38 **Superficie.** — 528,000 kilomètres carrés.

Mers. — A l'O. la mer Adriatique et la mer Ionienne; au S. la Méditerranée, et à l'E. l'Archipel, la mer de Marmara et la mer Noire.

39 **Détroits.** — Le canal d'Otrante qui fait communiquer la mer Adriatique à la mer Ionienne, le détroit des Dardanelles qui unit l'Archipel à la mer de Marmara, et le détroit de Constantinople.

40 **Golfes.** — De Salonique, au N.-O. de l'Archipel et de Bourgas dans la mer Noire.

41 *Versant de l'Adriatique :* le Drin et la Vaïoussa. *Versant de l'Archipel :* la Salembria, le

Vardar, la Maritza. *Versant de la mer Noire :* le Danube qui reçoit la Save R. D., et à son embouchure le Pruth R. G.

42 **Lacs.** — Le lac de Rassein au S. des bouches du Danube, le lac de Scutari, le lac d'Ochriba et le lac de Janina dans l'Albanie, le lac de Belchik au S. de la Roumélie.

43 **Montagnes.** — Les Alpes Orientales au N.-O. forment, en Turquie, les Alpes Dinariques et se prolongent, 1° à l'E. sous le nom de chaîne des Balkans et dont un contrefort se termine par le Monte-Santo, et 2° au S. sous le nom de chaîne Hellénique, et où se trouvent le mont Pinde; le mont Olympe s'y rattache à l'Est.

GRÈCE

PARTIE POLITIQUE

44 **Population.** — 1,005,810 habitants.

45 **Races.** Grecque ou albanaise.

46 **Religion.** — La religion grecque est la religion de l'État; il y a pourtant 5 archevêques et évêques catholiques.

47 **Gouvernement.** — Il est monarchique constitutionnel. Georges Ier, depuis le 6 juin 1863.

48 **Limites.** — Au N. la Turquie d'Europe, à l'O. la mer Ionienne, au S. la mer Méditerranée, et à l'E. l'Archipel.

49 **Divisions.** — La Grèce se divise en 10 nomes ou départements, qui forment trois parties distinctes : 1° LA GRÈCE SEPTENT. ou LIVADIE (3 nomes) : *Missolonghi, Lépante, Salone,*

auprès de l'ancienne Delphes, Livadie, Marathon, Mégare, ATHÈNES, *cap. du roy.*, avec son port *Le Pirée.*

50 2° LA GRÈCE MÉRIDIONALE ou MORÉE (5 nomes) : *Patras, Corinthe*, Nauplie, Tripolitza, Sparta, et *Navarin.*

51 3° LES ILES (2 nomes). I. de Négrepont ou Eubée, les Cyclades, dont les plus importantes sont Andro, Tino, Syra, Délos, Paro, Naxo, Mélos et Santorin. Les îles Ioniennes se composent de sept îles; six d'entre elles sont situées sur la côte occidentale de la Turquie et de la Grèce; ce sont : Corfou, Paxo, Sainte-Maure, Théaki, Céphalonie et Zante, la 7e Cérigo est au S. de la Grèce.

PARTIE PHYSIQUE

Aspect général. — Climat. — *Le pays est généralement montagneux, les îles mêmes de l'Archipel paraissent être les sommets de montagnes appartenant autrefois à une contrée submergée. Les nombreux cours d'eau qui la sillonnent ne sont point navigables ; de belles forêts ombragent les montagnes, et les campagnes mal cultivées sont couvertes de buissons de lauriers, de myrtes et de réglisses. — Le climat y est doux et salubre.*

52 **Superficie.** — 47,615 kilomètres carrés.

53 **Mers.** — La Méditerranée forme sur la côte occidentale la mer Ionienne, et sur la côte orientale l'Archipel.

54 **Golfes.** — De Lépante à l'O. et de Nauplie et d'Égine au S.-E.

55 **Fleuves.** — *Versant occidental :* l'Aspropotamos et le Rouphia ; *versant méridional :* l'Iri, *ancien Eurotas.*

56 **Lac** de Livadie.

56 *bis* **Isthme** de Corinthe.

57 **Cap.** — Matapan, au S. de la chaîne Hellénique.

58 **Montagnes.** — La chaîne Hellénique forme en Grèce le mont Parnasse et le défilé des Thermophyles; et, dans la Morée le mont Taygète.

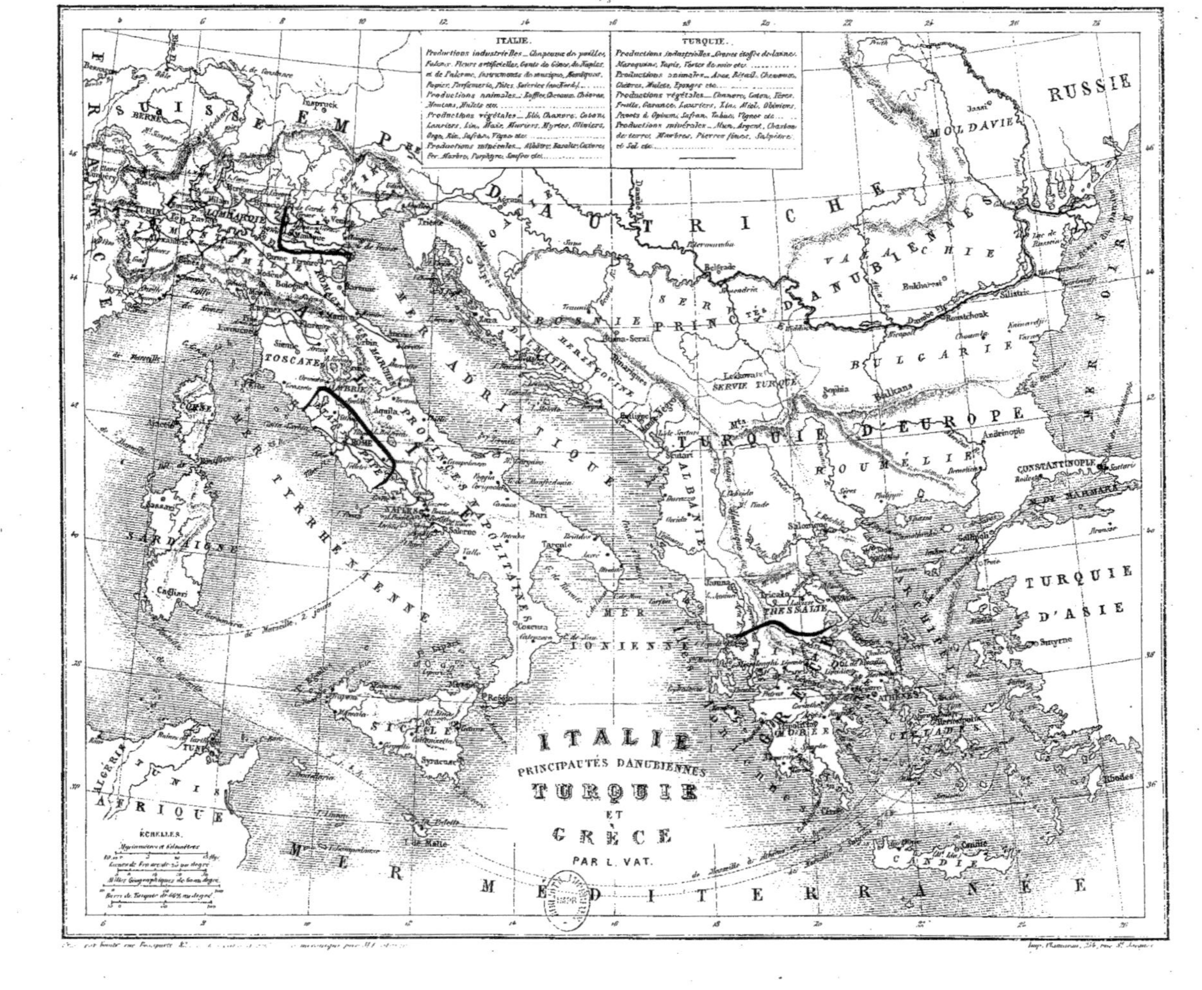

ITALIE
PRINCIPAUTÉS DANUBIENNES
TURQUIE
ET
GRÈCE
PAR L. VAT.
RUSSIE
MOLDAVIE
EMPIRE D'AUTRICHE
TURQUIE D'ASIE
TURQUIE D'EUROPE
ROUMÉLIE
BULGARIE
SERVIE PRINCE
BOSNIE
HERZEGOVINE
ALBANIE
MER ADRIATIQUE
MER IONIENNE
MER TYRRHÉNIENNE
MER MÉDITERRANÉE
PROVINCES NAPOLITAINES
TOSCANE
SICILE
SARDAIGNE
AFRIQUE
ALGÉRIE
FRANCE
SUISSE
CONSTANTINOPLE

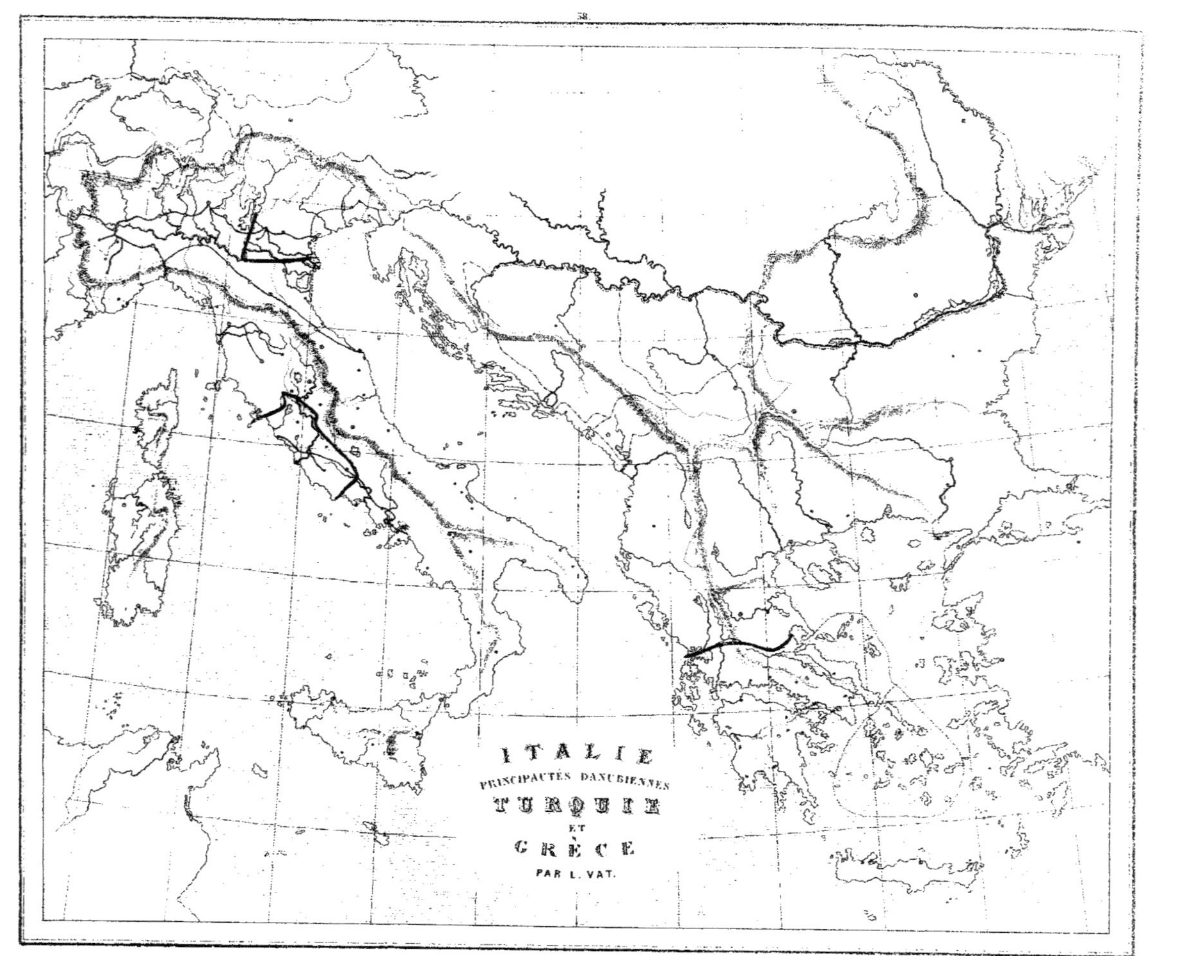

ITALIE
PRINCIPAUTÉS DANUBIENNES
TURQUIE
ET
GRÈCE
PAR L. VAT.

ALGÉRIE

(1)

ASPECT GÉNÉRAL, CLIMAT. — La province française de l'Algérie est située au sud de la France, sur le littoral de la Méditerranée, à 760 k. de Marseille. Elle a une longueur d'environ 1,000 k. de côtes entre l'empire de Maroc et la régence de Tunis. Elle est bornée au nord par la mer Méditerranée ; à l'ouest par le Maroc ; au sud par six *oasis : l'Oudd-Sidi-Cheïkh, l'Oudd-Mzab, l'Ouargla, l'Oudd-Temacin, l'Oudd-R'ir* et *l'Oudd-Souf,* au delà desquels est le grand désert de Sahara, et à l'est par la régence de Tunis. La côte présente un aspect abrupte. Le pays, coupé de massifs montagneux, est d'un accès difficile. Entre les montagnes se trouvent des rivières torrentueuses, de riches vallées, des gorges profondes et de vastes plaines arides où l'eau douce est très-rare et ne se trouve que dans des puits fort distants les uns des autres. Ces plaines, dans leurs parties boisées, sont coupées de vastes marais salés qui, en été, sont recouverts d'une couche de sable éblouissante. Sous le rapport de la culture, le sol algérien présente deux divisions bien tranchées : *le Tell et le Sahara.* Le Tell est la région cultivable, abondante en céréales ; le Sahara ne produit que des palmiers et quelques pâturages.

HISTOIRE. — Le territoire de l'Algérie française comprend les anc. provinces romaines de Mauritanie et de Numidie. Les peuplades de ces contrées, subdivisées en une foule de tribus plus ou moins importantes, obéissaient à des chefs de guerre ou rois, dont l'autorité cependant n'était guère respectée que dans les villes. Aussi, ce n'est, à proprement parler, qu'à partir de la conquête romaine que l'Algérie entre dans le domaine de l'histoire. Les Romains y fondèrent 33 colonies qui y firent prospérer l'agriculture et y introduisirent la civilisation. Vers le milieu du vᵉ siècle, elle fut occupée par les Vandales, sous la conduite de Genséric ; elle tomba, en 534, au pouvoir de l'empire grec, et les Arabes, qui vinrent s'y établir vers la fin du viiᵉ siècle, y fondèrent, en 935, la ville d'Alger. Les Arabes Zeïritas y furent les maîtres jusqu'en 1148, puis les Almohades y dominèrent jusqu'en 1269. Enfin une foule de dynasties indépendantes s'y formèrent et s'y maintinrent à partir de cette époque. En 1492, chassés d'Espagne

après la chute du royaume de Grenade, les Maures se retirèrent en Afrique et s'y livrèrent à la piraterie. Ferdinand le Catholique, pour y mettre fin, s'empara, en 1506, d'Oran et de Bougie, et d'Alger en 1509. Mais un fameux pirate turc, nommé Arroudj-Barberousse, vint au secours des émirs d'Alger, chassa les Espagnols et finit par s'emparer de l'autorité souveraine en se faisant déclarer sultan d'Alger. En 1518, son frère Kaaïr-ed-din Barberousse lui succéda, soumit ses États au sultan Sélim, qui lui envoya des secours avec lesquels il battit les Espagnols. En 1541, Charles-Quint tenta vainement de soumettre ces pirates. Les flottes anglaise et hollandaise n'obtinrent pas plus de résultat en 1655, 1669 et 1670. Le 23 juillet 1682, le 28 juin 1683 et le 26 juin 1687, Louis XIV fit bombarder Alger. Les Espagnols tentèrent une dernière expédition en 1775. Le 27 août 1816, nouveau bombardement d'Alger par les Anglais et les Hollandais. Mais c'était à la France qu'était réservé l'honneur d'achever l'œuvre tentée vainement par l'Espagne. M. Deval, consul français à Alger, ayant reçu un coup d'éventail au visage, le vice-amiral Duperré, à la tête d'une flotte française, bloqua Alger le 12 juin 1827. Une armée expéditionnaire, aux ordres du général Bourmont, débarqua à Sidi-Ferruch le 14 juin 1830, et le dey, assiégé par terre et par mer, fut contraint de capituler le 5 juillet suivant. Il perdit ses États et dut se contenter d'avoir la vie sauve. C'est à cette époque que commença la domination française en Algérie. « L'histoire des luttes que nous avons eu à soutenir pour consolider ou étendre nos conquêtes est encore trop vivante dans les souvenirs pour que nous essayions de la résumer autrement que par des dates. La plus essentielle peut-être est celle qui rappelle l'avénement au pouvoir du chef en qui se résuma pendant 15 ans la résistance des populations musulmanes. Le 28 septembre 1832, les cheïkhs de plusieurs tribus de l'est proclamaient sultan des Arabes Abd-el-Kader, fils de Mahi-ed-din, marabout puissant de la tribu des Hachems. Mascara devint sa capitale et le centre de ses opérations contre nos troupes ou contre les pays soumis. Une infatigable activité, de grandes ressources d'esprit, un ardent fanatisme qu'il savait communiquer autour de lui, firent de ce nouveau Jugurtha un sérieux obstacle à nos progrès. C'est le 23 dé-

cembre 1847 que, poursuivi et traqué par la division du général Lamoricière, il offrit sa soumission. Jusque-là son nom se trouve mêlé à tous les événements militaires qui se sont passés sur le sol africain.» (Malte-Brun, *la France illustrée.*) La domination française s'étend , de nos jours, de l'empire de Maroc à la régence de Tunis, et de la Méditerranée au Sahara, sur une profondeur de 600 kilomètres.

DIVISIONS ADMINISTRATIVES. — L'Algérie est divisée en 3 provinces ou départements : Alger, Oran et Constantine. Chaque province est soumise à une double administration, l'une civile et l'autre militaire. Au point de vue civil, chaque province forme un département subdivisé en *arrondissements, cercles* et *communes,* et en kalifats, aghaliks, kaïdats et cheïkats. Au point de vue militaire, chaque province forme une *division* militaire, commandée par un général de division, et partagée en *subdivisions* commandées par des généraux de brigade, et comprenant chacune un certain nombre de *cercles* et de *postes militaires.* Les pouvoirs civils et militaires sont réunis aux mains d'un gouverneur général, résidant à Alger, et assisté d'un conseil supérieur. La haute direction des services administratifs civils est confiée au préfet de la province d'Alger ; la direction du service judiciaire, à un procureur général ; la direction des affaires religieuses, à l'évêque d'Alger et aux muftis des 2 principales mosquées d'Alger. Dans chaque province, le préfet, assisté d'un conseil de préfecture, réunit toutes les attributions du directeur des affaires civiles ; chaque arrondissement est administré par un sous-préfet ; chaque *cercle* par un commissaire civil ; chaque commune par un maire, chaque tribu ou fraction de tribu par un kaïd ou cheïk. La direction des affaires arabes appartient à un directeur central qui, sous les ordres immédiats du gouverneur général, est revêtu de tous les pouvoirs relatifs à l'administration de la population arabe. Dans chaque province, il est secondé par un directeur, qui a sous ses ordres des sous-directeurs chargés de la direction des bureaux arabes.

On distingue en Algérie : 1° les *territoires civils,* dans lesquels la population civile européenne est assez nombreuse pour que l'organisation de tous les services publics y fonctionne complétement sans dif-

(2)

ficulté ; 2° les *pays ou territoires mixtes*, dont l'administration civile et judiciaire est confiée aux autorités militaires, parce que le petit nombre d'Européens qui y sont établis ne comporte pas l'organisation complète des services civils ; 3° les territoires arabes, exclusivement placés sous l'autorité militaire.

PROVINCE D'ALGER.

La province d'Alger est située au centre de l'Algérie. Elle a pour bornes, au nord, la Méditerranée ; à l'ouest, la province d'Oran ; au sud, le Sahara ; et à l'est, la province de Constantine.

DIVISION ADMINISTRATIVE. — Le territoire civil constitue une préfecture et se divise en 4 arrondissements : ALGER, BLIDAH, MILIANAH et MÉDÉAH ; et en districts : *Tenez, Cherchell, Orléansville, Dellys, Marengo* et *Aumale*.

DIVISION MILITAIRE. — Le territoire militaire constitue une division dont le quartier général est à ALGER, et se divise en 5 subdivisions : DELLYS, MÉDÉAH, MILIANAH, ORLÉANSVILLE et AUMALE.

VILLES ET LIEUX CÉLÈBRES. — ALGER, cap. (800 kilom. de Marseille, 41,402 h.), port sur la Méditerranée. Résidence du gouverneur général ; évêché érigé en 1838 ; cour impériale ; trib. de 1re inst. et de comm. ; académie, lycée ; nombreuses écoles françaises, maures et juives ; musée, bibliothèque ; plusieurs églises catholiques, nombreuses mosquées, etc. On y rem. le palais du gouvernement, la cathédrale Saint-Philippe, l'évêché, le temple protestant, les mosquées de la Pécherie et de la marine, la préfecture, le secrétariat général, la mairie, de belles fontaines, la Casbah, la synagogue, la prison cellulaire, le nouv. théâtre, le passage Duchassaing, les casernes, l'abattoir, les portes Bab-Azoun, Bab-el-Oreâd. d'Isly et du Sahel ; la place du gouvernement ornée d'une statue équestre du duc d'Orléans, et un vaste réseau d'égouts de ceinture — S'il faut en croire une antique légende, le berceau de la cité actuelle, l'ancien hameau d'*Icosium* (*Icosi*, vingt) fut fondé par les 20 compagnons d'Hercule le Libyen. Agrandie par les Berbères, choisie pour capitale par Barberousse, Alger vit sa grandeur et son importance commencer avec la puissance de ce fameux corsaire. Son frère joignit la terre ferme aux îlots, El-Djezaïr, d'où est venu Alger, puis Alger, et compléta son œuvre par la création d'un port. Alger est située en amphithéâtre sur le penchant d'une colline et forme une espèce de triangle qui a pour base la mer et pour sommet la Casbah ou citadelle. Vue de la mer, la ville présente l'aspect d'une gracieuse masse blanche encadrée entre la mer et le ciel, et que les poëtes orientaux comparent à un diamant enchâssé dans l'émeraude et le saphir. Les anciens quartiers, résidence presque exclusive des Maures, présentent des rues sales, tortueuses, étroites, et forment d'inextricables labyrinthes où règnent le mystère, la confusion et la bizarrerie. Les nouveaux quartiers, au contraire, habités par les Européens, sont ornés de vastes places, percés de rues larges, et formés de hautes maisons qui rappellent tout ce que les grandes villes de l'Europe ont de plus magnifique en ce genre. On

visite aux environs la pépinière centrale du gouvernement fondée en 1832, et un grand nombre de maisons de campagne. — Entrepôt central du commerce des bestiaux, citrons de l'Algérie, cuirs, fourrages, grains, huiles, minerais et oranges. Cultures maraîchères pour l'exportation des artichauts, petits pois, etc.— **Sidi-Ferruch** est une presqu'île célèbre par le débarquement qu'y opérèrent les Français, le 14 juin 1830. Un armateur français y fit construire en 1845 un village où s'établit une colonie de pécheurs bretons qui approvisionnèrent la ville d'Alger de poisson pendant quelque temps, mais la population ne tarda pas à diminuer et les maisons à tomber en ruine, soit que les pêcheurs n'aient pu s'acclimater, soit que leur industrie n'ait pas prospéré. Quoi qu'il en soit, le village n'est plus aujourd'hui qu'un simple poste de douaniers. Le centre principal de population dans la presqu'île est *Staouëli*, vaste établissement de trappistes, fondé le 14 septembre 1843. Grâce au travail persévérant des religieux, soutenus par les encouragements du gouvernement, cette solitude s'est transformée, et une belle et florissante ferme s'est formée autour des murs du couvent. A l'extrémité de la presqu'île. les Français ont converti en une chapelle dédiée à N.-D.-de-Délivrance le tombeau du célèbre marabout qui avait donné son nom à la presqu'île. — **Douéra** est une ville de fondation française. Après avoir été tour à tour ambulance, buvette, entrepôt, hôtellerie, elle forme aujourd'hui une ville industrielle et s'occupe de la culture sur une assez vaste échelle. Elle possède une brasserie, une briqueterie, un moulin à vapeur et un moulin à vent. Elle fait le service des diligences et renferme l'unique oratoire protestant qui existe dans le Sahel. — *Dellys*, chef-l. de *cercle* de la subdivision d'Alger, dont il est éloigné de 98 kilom., se trouve au fond d'une rade sûre et extrêmement poissonneuse. On distingue l'anc. et le nouv. Dellys. L'ancien, fondé par une colonie de Maures chassés d'Espagne, se trouve au pied d'une colline au couchant de la rade. Le 7 mai 1844, lorsque les Français s'y établirent, ils choisirent, comme position plus sûre pour y établir un poste, un plateau d'environ 80 m. au-dessus du niveau de la mer et qui commande toute la rade. C'est l'emplacement d'une anc. colonie romaine. Dellys est un centre important de transaction entre Alger et la Kabylie occidentale. Plantations de vignes et d'arbres fruitiers ; antiquités romaines. — **Tenez**, ch.-l. de *cercle* et de district, est encore une ville française fondée en 1843, sur l'emplacement de *Cartenna* bâtie sous Auguste. Commissariat civil ; justice de paix ; nombreuses antiquités romaines.

BLIDAH, ch.-l. de la 1re div. milit. et d'un arrond. (48 kil. d'Alger, 8,619 h.). Cette ville, que les Turcs appelaient Blidah la Voluptueuse, à cause de la douceur de son climat et de la fertilité de son sol, est située au pied septentrional de l'Atlas, et ressemble à un véritable jardin. Ses orangers ont une réputation universelle. Ville industrielle et agricole, Blidah possède des brasseries, des fabriques d'essences, des imprimeries, des papeteries ; elle exploite des pépinières et de riches carrières de gypse et fait avec les localités environnantes un commerce actif. C'est la seconde ville de la province. — *Boufarick* (34 kilom. d'Alger) est le premier poste français dans la plaine. Un modeste monument y rappelle le souvenir du capitaine Grand qui traça le camp occupé précédemment par le poste. Après la soumission des Arabes et de longs travaux pour le défrichement et l'assainissement du sol, Boufarick est devenu une petite ville où l'industrie, et particulièrement celle du tabac, rivalise d'efforts et d'activité avec le commerce et l'agriculture. Un orphelinat, auquel est venu s'adjoindre la création d'une pépinière a été établi sur l'emplacement de

l'anc. camp d'Erlon. — **Cherchell** (114 kil. d'Alger. 2,587 h.), ville maritime, chef-lieu de *cercle* et de *district* (114 kil. d'Alger) n'est autre que *Julia Cæsarea*, l'anc. cap. de la Mauritanie Césarienne. Fondée par les Carthaginois, détruite par les Berbères, relevée de ses ruines par Théodose le Grand, ravagée par les Vandales, cette ville ne vit renaître sa prospérité qu'après l'arrivée d'une colonie de Maures, qui vinrent s'y établir après leur expulsion d'Espagne. André Doria y brûla, en 1541, la flotte de Barberousse, Cherchell forme trois villes distinctes fondues dans une seule. La ville romaine, la ville arabe et la ville française. On y remarque les ruines romaines d'un cirque, des bains de Diane, d'un forum, du palais des proconsuls, et d'un temple de Neptune. Dans la ville arabe se trouvent une magnifique mosquée à trois nefs supportées sur cent colonnes de granit, de vastes citernes et des fontaines alimentées par trois aqueducs ; et dans la ville française une église, une caserne, un hôpital militaire et un vaste bâtiment pour la manutention des vivres. Le port est appelé à une grande activité commerciale. Marché important en bestiaux, céréales et laines.

MILIANAH (118 kil. d'Alger, 4,329 h.), commissariat civil, ch.-l. de la 5e subdivision militaire, tire son origine des Romains, et les ruines qu'on y voit encore attestent son anc. splendeur. Elle servit longtemps de grenier et d'entrepôt à Abd-el-Kader pour l'approvisionnement de ses troupes. Marché arabe ; minoteries. Aux environs se trouvent la colonie agricole d'Affreville et l'établissement thermal de Hammam-Righa, fondé par le gouvernement. — **Orléansville** (210 kil. d'Alger, 1,366 h.) est une ville toute française, bâtie sur l'emplacement d'une cité romaine qui dut être fort importante, si l'on en juge par les ruines qui subsistent encore aujourd'hui. Culture de céréales et de plantes industrielles ; pépinière publique près des murs de la ville, On y rem. une place publique plantée d'arbres et les bains Maures.

MÉDÉAH, (90 kilom. d'Alger, 6,750 h.), ch.-l. d'une subdiv. militaire commissariat civil et justice de paix, s'élève sur un plateau au delà de la première chaîne de l'Atlas. Marché important en bestiaux. céréales et laines, culture de l'oranger et de la vigne ; vins estimés, brosseries, briqueteries, fabriques de plâtre, fours à chaux, moulins.

PROVINCE D'ORAN.

La province d'Oran s'étend depuis les frontières du Maroc jusqu'au cap Magroua, et occupe la partie occidentale de l'Algérie. Elle a pour bornes, au nord, la Méditerranée ; à l'ouest, le Maroc ; au sud, le Sahara ; et à l'est, la province d'Alger. La province d'Oran comprend 8 régions naturelles, savoir : la côte, le littoral, le Chélif, les plaines intérieures, les plateaux du Tell, la ligne du Faîte, le plateau Central et les oasis.

DIVISION ADMINISTRATIVE. — Le territoire civil constitue une préfecture et se divise en 4 arrondissements : ORAN, MASCARA, TLENCEM et MOSTAGANEM ; et en districts : *Nemours, Sidi-bel-Abbès* et *Saint-Denis-du-Sig*.

DIVISION MILITAIRE. — Le territoire militaire

(3)

constitue une division dont le quartier général est à Oran, et se divise en 4 subdivisions : *Mostaganem, Mascara, Sidi-bel-Abbès et Tlemcen.*

VILLES ET LIEUX CÉLÈBRES. — ORAN (365 kilom. d'Alger. 22,097 hab.) ; sur la côte, au fond du golfe du même nom, cap. de la province; chef-lieu de division et de préfecture; trib. de 1re inst. et de commerce; brasseries, corderies, fabr. de sparteries, de tabac, fours à chaux, imprimeries, marbrerie, moulins à eau, à vapeur et à vent, tanneries, vermicellerie. Entrepôt considérable, cabotage, commission, débit et transport importants. Échange de bestiaux, graines, laines, suifs, tabacs, contre les produits manufacturés et les vins de France. On y rem. les forts Santa-Cruz, Lamoun, St-Grégoire, Ste-Thérèse, St-André, St-Philippe, le Château neuf, la Kasbah, les magasins d'approvisionnements, la préfecture, le tribunal, etc. — Oran tire son origine d'une colonie de Maures chassés d'Espagne. Les Espagnols s'en emparèrent en 1509 et en restèrent maîtres jusqu'en 1708. Les magnifiques travaux de défense et d'embellissement qu'ils y exécutèrent ont été détruits en grande partie par le tremblement de terre de 1790. Elle était retombée au pouvoir des Musulmans et appartenait au bey de Mascara quand les Français s'en emparèrent le 3 janvier 1831. La ville est divisée en deux parties, la ville indigène et l'anc. ville espagnole, qui communiquent ensemble par un pont qui joint le plateau d'Oran à la montagne de Santa-Cruz. Entre ces deux vastes quartiers, un troisième commence à se développer le long du ravin. Des travaux considérables ont été entrepris pour rendre le port, dont le mouillage était peu sûr, abordable aux navires de commerce. — **Arzew** (37 kil. d'Oran, 918 hab.), port dans le golfe du même nom, est le débouché maritime le plus direct pour les produits des vallées du bas Chéliff, de l'Habra, du Sig et de la Mina. — *St-Cloud*, à 23 kil. d'Oran, possède une justice de paix. Pépinière, ambulance, bains, culture du chanvre, plantations de mûriers; commerce de bestiaux et de céréales. Source minérale aux environs. — **Nemours**, chef-lieu de cercle sur la côte occidentale de l'Algérie, dut sa fondation en 1844, pendant la campagne de Maroc, à l'heureuse disposition de sa plage que l'on utilisa pour le débarquement et le ravitaillement de nos soldats. Nemours est dominé par une hauteur que couronnent les ruines du village de *Thoun*, anc. résidence de pirates. Près de là, se trouve le marabout de *Sidi-Brahim* où un modeste monument rappella le drame funèbre dont ce lieu fut le théâtre. — **Sidi-bel-Abbès** (83 kil. d'Oran), tira son origine d'une redoute construite en 1843 pour servir de dépôt d'approvisionnement de Tlemcen à Mascara. C'est le ch.-l. de la 3e subdivision militaire. La ville contient 2 quartiers : le quartier civil et le quartier militaire. Ce dernier renferme toutes les constructions militaires et administratives, ainsi que le bâtiment des silos destiné à conserver les grains. Sidi-bel-Abbès est destiné à devenir un des principaux marchés d'approvisionnement des ports d'Oran, de Mostaganem et d'Arzew.

MOSTAGANEM (76 kilom. d'Oran, 7,258 h.), port à 1 kil. de la mer. Ch.-l. de la 2e subdivision militaire et d'une sous-préfecture. Beau haras; magnifique pépinière ou jardin public. Sol fertile; commerce de céréales, fruits secs, laines, peaux brutes ou préparées; art. indigènes, fabr. de bonnets brodés, tapis, tissus de laine, orfèvrerie, maroquinerie, tannerie. —Ville d'origine romaine et célèbre par son opulence sous la domination des Arabes, Mostaganem est défendue par la citadelle de Matemore et divisée en deux parties par le ruisseau d'Aïn-Séfra. Pendant l'expédition contre Mascara, son port servit de place de ravitaillement à nos troupes, Tel a été le point de départ de son commerce qui a toujours été en augmentant depuis cette époque. On y remarque l'église, la mairie le théâtre et de nombreux minarets. — *Mazagran*, petit fort illustré par nos armes : en 1840, 123 Français commandés par le capitaine Lelièvre, résistèrent à 12,000 Arabes.

MASCARA (96 kilom. d'Oran, 6,490 hab.), était autrefois la cap. d'un beylik, auj. c'est le chef-l. de la 4e subdivision militaire et d'un district administré par un commissaire civil. Jusqu'en 1841, cette ville fut le centre du gouvernement d'Abd-el-Kader. — Bâtie par des Berbères sur les ruines d'une cité romaine, Mascara se divise en 4 parties, la ville et trois faubourgs. Ils sont réunis entre eux par une enceinte continue qui figure assez bien un carré à chacun des angles duquel s'élèvent des tours surmontées d'une plate-forme propre à recevoir de l'artillerie. Culture de céréales, de l'olivier, du tabac et de la vigne. Fabr. de burnous noirs et de tapis renommés. Marché consid. 3 fois par semaine. — *Tiaret* n'est qu'un avant-poste militaire établi sur l'emplacement d'une anc. station romaine. Pépinière créée par le génie.

TLEMCEN, (116 kil. d'Oran, 12,835 hab.) est bâtie sur les ruines d'une anc. colonie romaine. C'est le ch.-l. de la 5e subdiv. milit. et d'un commissariat civil. Elle possède un des marchés les plus importants de la région du Tell. Les caravanes qui font la traite avec le Maroc y apportent leurs marchandises. Comm. consid. de céréales et de laines. Fabr. de burnous et de kaïks, moulins à farine et à huile, tanneries, grande exploitation de chêne-lièges. — Tlemcen était autrefois la cap. d'un vaste royaume qui s'étendait depuis le pont de Djigelli jusqu'à l'embouchure de la Tafna. Elle a dû être très-florissante, si l'on en juge par les vestiges qu'elle conserve encore de sa splendeur passée. — **Lalla-Maghnia** (164 kil. d'Oran) est une anc. ville romaine sur l'emplacement de laquelle les Français fondèrent un poste militaire pendant la campagne que couronna si brillamment la bataille d'Isly. Cette petite colonie est comme une sentinelle avancée sur la frontière du Maroc.

PROVINCE DE CONSTANTINE.

La province de Constantine a pour bornes : au nord, la Méditerranée; à l'ouest, la province d'Alger; au sud, le Sahara; et à l'est, la régence de Tunis. Elle se divise en 7 régions naturelles, savoir : la côte, qui renferme les ports de Bougie, Djigelli, Stora, Philippeville, Bône et la Calle; les vallées intérieures, la Kabylie, les plateaux du Tell, l'Aurès, le plateau Central et les oasis. Les indigènes y comptent environ 580 tribus, dont une soixantaine ne sont qu'imparfaitement soumises.

DIVISION ADMINISTRATIVE. — Le territoire civil constitue une préfecture et se divise en 5 arrondissements : CONSTANTINE, PHILIPPEVILLE, BÔNE, GUELMA et SÉTIF; et en 5 districts : *Djigelli, Jemmapes, La Calle, Souk-Arras et Batna.*

DIVISION MILITAIRE. — Le territoire militaire constitue une division dont le quartier général est à CONSTANTINE, et se divise en 3 subdivisions : *Bône, Sétif et Batna.*

CONSTANTINE (280 kilom. d'Alger, 33,998 hab.), ch.-l de la province du même nom; division militaire, préfecture, trib. de 1re inst.; théâtres, pépinière publique; commerce de céréales; lainages, briqueteries, nombreux moulins, poteries et grand nombre d'usines. Elle est bâtie en amphithéâtre sur un plateau isolé, à 654 m. au-dessus du niveau de la mer, et entourée d'une ceinture de roches escarpées. On y remarque l'ancienne casbah; les débris romains d'un arc de triomphe, d'un capitole, d'un cirque et d'un théâtre, les restes d'une voie romaine et d'un canal de dérivation pour les eaux du Rummel. — C'est l'anc. *Cirta*, capitale de la Numidie. Elle a été tour à tour colonie grecque, résidence des rois numides, refuge de Jugurtha, conquise par les Romains, ruinée par Maxence et rebâtie par Constantin, qui lui donna son nom. Barberousse s'en rendit maître en 1520, et, depuis cette époque, elle a été la résidence des beys de l'est, vassaux du dey d'Alger. Le dernier de ses souverains a été Adji-Achmet-bey, à qui le maréchal Valée l'enleva le 13 octobre 1837. Commerce très-important pour les cuirs, grains et laines. Entrepôt commercial de la région moyenne de la province et du sud, transit de Biskara et des oasis méridionales et du Sahara.— **Batna** (110 kilom. de Constantine, 10,672 hab.) est le ch.-l. de la 3e subdivision militaire et d'un cercle. C'est une ville de création récente, située sur un haut plateau, entre les montagnes de Ouled-Sultan et les monts de l'Aurès. Le but de sa fondation a été d'assurer les communications entre Constantine et Biskara, et entre le Tell et le Sahara. Elle est destinée à devenir un jour un entrepôt important entre le nord et le sud. — **Lambessa** n'est qu'une colonie pénitentiaire pour les transportés politiques, établie sur l'emplacement de *Lambœsis*, anc. et importante cité romaine dont les ruines couvrent une circonférence de 12 kilom. Un synode y fut tenu en 240 par 90 prélats africains. — **Tebessa** (188 kilom. de Constantine) est une ville presque exclusivement indigène. C'est plutôt un point militaire qu'un centre de colonisation. Commerce de bêtes à laine; exploitation de forêts. Ruines romaines très-intéressantes. — **Biskara** (286 kilom. de Constantine) est un ch.-l. de cercle situé à l'extrême limite de nos possessions du côté du Sahara. Un poste militaire, nommé *Fort St-Germain*, établi à peu de distance de la ville arabe, est devenu le noyau de la ville nouvelle. Les colons qui l'occupent ne sont, jusqu'à ce jour, que des ouvriers qu'y attirent les travaux que le gouvernement y a fait exécuter, mais Biskara est destiné, par sa position, à devenir, dans un avenir prochain, un important centre d'échange.

PHILIPPEVILLE, port militaire et marchand (83 kilom. de Constantine, 4,826 hab.), est une ville presque exclusivement française. Ch.-l. d'arrond. et de cercle; trib. de 1re inst., justice de paix; centre de travail et d'entrepôt du commerce européen avec la partie orientale de l'Algérie. Exportation de laines, peaux et sangsues; exploitation de carrières de marbre, usines à vapeur; vastes forêts de liéges dans le voisinage; hôpital civil et militaire; places, promenades, quais, rues larges et bordées de belles maisons; pépinière publique. — Cette ville fut fondée par les Français, en 1838, sur les ruines de l'anc. *Russicada* des Romains, et tire son nom du roi Louis-Philippe. Dans sa banlieue, se sont groupés de nombreux centres de population, tels que Valée, Damrémont,

Robertville, St-Charles, Gastonville, etc. — **Djigelli** (188 kilom. de Constantine, 1,800 hab.) est une petite ville maritime carthaginoise et auj. ch.-l. de cercle. — Colonie sous les Romains, ville épiscopale sous la domination byzantine, elle servit ensuite de lieu de refuge aux vaisseaux de l'usurpateur Barberousse. C'était, en 1654, quand Duquesne s'en empara, un des plus fameux repaires des pirates africains. Le fort qui fut construit à cette époque subsiste encore auj. Les Français s'emparèrent de Djigelli en 1839, et la place resta bloquée, du côté de la terre, par les Kabyles jusqu'en 1850.

BONE (156 kilom. de Constantine, 10,622 hab.), ville forte et port sur la Méditerranée. Ch.-l. de la 2ᵉ subdivision militaire, sous-préfecture, trib. de 1ᵉʳ inst., justice de paix. Importation de comestibles, objets de luxe et vins; commerce de blé, cire, cuirs, jujubes; fabriques de burnous, étoffes de laine, selles, tapis; moulins à huile, savonneries, usines à vapeur; pêche du corail sur la côte. Bône fut fondée sur les ruines de l'antique Hippone, vers la fin du VIIᵉ siècle. Elle fut la résidence des rois numides, et acquit un grand renom dans les guerres de César, de Genséric et de Bélisaire. Mais son plus beau titre de gloire lui vient de son illustre évêque, l'immortel saint Augustin, dont la statue s'élève encore sur les ruines de son anc. ville épiscopale à quelque distance de la ville actuelle. Elle fut occupée par les Français en 1832.

GUELMA (100 kil. de Constantine, 2,048 hab.), auj. ch.-l. de cercle, n'est autre que l'anc. *Suthul*, sous les murs de laquelle Jugurtha défit les Romains. Elle fut occupée par les Français en 1836. Culture de l'olivier, préparation d'huile; commerce de bestiaux, céréales et laines. Marché important deux fois par semaine. — **La Calle** (236 kilom. de Constantine, 906 hab.) est un ch.-l. de cercle situé à l'extrémité de nos possessions du côté de la régence de Tunis. C'était le centre du commerce français avec la côte d'Afrique pendant la domination turque sur cette contrée. Elle est située sur un rocher que la mer entoure de tous côtés, excepté au sud. Pêche du corail et exploitation de chênes-lièges.

SÉTIF (130 kilom. de Constantine, 1,584 hab.) est le ch.-l. de la 4ᵉ subdivision militaire. Sa situation au centre d'une contrée fertile, la facilité de ses communications avec les tribus indigènes du sud, et le débouché que lui offre le port de Bougie, assurent à Sétif un rôle important comme lieu de transit et de marché intérieur. Briqueteries, moulins à eau, tuileries; marché hebdomadaire très-fréquenté par les Arabes. — Sétif est l'anc. capit. de la Mauritanie sitifienne. Elle fut détruite par les Vandales, et ne se releva jamais de ses ruines. Lorsque, en 1833, les troupes françaises vinrent y asseoir un camp, ils n'y trouvèrent qu'un amas de débris depuis longtemps abandonnés par les habitants. — **Bougie** (229 kilom. de Constantine, 1,781 hab.), ville forte, port vaste et sûr, territoire fertile en figuiers et en orangers. C'est là, dit-on, que la bougie a été inventée. Commerce de cire, graine, huile et miel. — Située sur les ruines de l'anc. *Saldæ* des Romains, Bougie s'élève en amphithéâtre sur le flanc du mont Gouraya, et est défendue par les forts de la Casbah, du Gouraya et d'Abd-el-Kader. — Comptoir important sous les Carthaginois, colonie romaine, capitale des Vandales, soumise par les Arabes en 708, elle accepta les diverses dynasties musulmanes qui occupèrent successivement l'Afrique. Elle devint célèbre par ses écoles savantes et par la vénération attachée à ses mosquées. Elle fut conquise par les Espagnols en 1509, et fortifiée par Charles-Quint en 1541.

Mais sous la domination des deys d'Alger, elle perdit toute son importance; et quand le général Trézel s'en empara, en 1833, ce n'était guère qu'un amas de ruines. Elle a été érigée en commune en 1854.

PRODUCTIONS NATURELLES, AGRICOLES. — Troupeaux considérables de bœufs, de chameaux, de chèvres et de moutons. Le cheval, quoique dégénéré, se distingue encore par sa douceur, sa sobriété et sa vitesse. Parmi les animaux sauvages on distingue le caracal, le chacal, l'hyène, le lion, le tigre, la panthère et le serval. Les lapins, les lièvres, les gibiers de toute espèce et les sangliers sont très-abondants. Les singes se rencontrent aux environs de Bougie; parmi les reptiles on trouve la tortue de mer et de terre; les eaux stagnantes sont infestées de sangsues. De tous les oiseaux de l'Algérie, nous nommerons l'aigle, le bouonse, la caille, le canard, le chagardz, espèce de geai, le corbeau du désert, le pélican, la perdrix, la pintade et la sarcelle. On pêche le corail aux environs d'Oran et de la Calle.

VÉGÉTALES. — Le blé et l'orge y tiennent le premier rang (12 à 20 hectol. par hectare), le coton, la garance et le tabac sont des plantes d'une spéculation très-lucrative. La flore arabe nous donne le balisier, la cloche du datura, le lantara, le laurier-rose, le lis, la narcisse, les plantes bulbeuses et les tubéreuses, enfin les roses du catalpa. Dans les vergers, on cultive l'abricotier, l'amandier, le citronnier, le dattier, le figuier, le grenadier, le jujubier, l'olivier, l'oranger, le pêcher, le poirier et le prunier. Les palmiers, qui se plaisent surtout dans les sables, se rencontrent groupés par milliers dans les oasis et sur le cours des eaux souterraines. C'est dans l'Ouâd-Souf qu'on récolte les meilleures dattes.

On évalue à 860,000 hectares la surface des forêts dont l'existence est bien constatée. Les principales sont aux environs d'Alger, de Coléah, de Blidah; Philippeville, Bône, la Calle et Batna en possèdent aussi sur leur territoire. Dans la province d'Oran, il en existe d'immenses et qui sont vierges pour la plupart. Les essences principales sont : le cèdre, le chêne-liège, le chêne vert, le frêne, le genévrier, le lentisque, l'orme, le pin d'Alep et le pistachier de l'Atlas.

MINÉRALES. — Antimoine (prov. de Constantine), cuivre (Tenez, le Mouzaïa, prov. de Constantine), grès et lignite (Tenez), manganèse (Alger), marbre (Sétif, Constantine), minerai de fer (Arzew, Tenez, Blidah, le Mouzaïa, Bougie et Bône), pierre à plâtre (dans toute l'Algérie), plomb (la Calle), salines (Arzew), salpêtre (Sétif), sel gemme (Constantine).

INDUSTRIE. — L'industrie agricole se porte tout particulièrement sur les céréales et le tabac, mais l'on voit de jour en jour se développer les exploitations minérales qui vont fournir à la colonie un nouvel élément de richesses.

INDUSTRIE MANUFACTURIÈRE. — Distillerie, filature de laine et de coton, huileries, mégisseries, papeteries, pêches de corail, raffineries de sucre, usines diverses, etc.

INDUSTRIE ARABE. — Cuirs maroquinés, gazes de soie, mousseline, selleries, tabacs.

IMPORTATION. — Acier, bois de construction, café, cartons, céréales, cordages, eau-de-vie, faïence, fer, fonte, fromage, houille, mercerie commune, meubles, ouvrages en

cuivre et en fer, papiers, peaux préparées et ouvrées, porcelaine, produits chimique, riz, savon ordinaire, sucre brut et raffiné, tabac en feuilles, tissus de chanvre, de coton, de laine et de soie, verres, viandes salées, vins. — Chevaux, mulets, etc.

EXPORTATION. — Blé, cigares, cire brute, corail brut, cornes et sabots de bétail, écorces de tan, fruits oléagineux, grains, graisse de bœuf et de mouton, huile d'olive, laines, métaux, orge, os, peaux brutes, potasse, racines médicinales, tissus de laine, sangsues, verre et cristal; chevaux.

VOIES DE COMMUNICATION. — Les routes sont classées, comme celles de France, en routes impériales, stratégiques, départementales, etc.; mais elles ne sont pas toutes terminées sur tout leur parcours. On compte aujourd'hui près de 25 routes impériales. Un *chemin de fer* unit Alger à Blidah par Boufarick, et doit se prolonger sur Oran par Miliana, Orléansville et Mostaganem.

HYDROGRAPHIE. — Trois versants sont formés par les montagnes qui couvrent l'Algérie. *Versant de la Méditerranée.* — La Tafna, qui a pour affluent l'Isly, illustrée par nos armes en 1844; la Macta, formée de l'Habra et du Sig; le Chélif, la plus importante des rivières de l'Algérie (500 kilom.); l'Isser, le Rummel, qui passe à Constantine et traverse les montagnes de la Kabylie; la Seybouse, qui arrose Guelma et les ruines d'Hippone; enfin la Mafrag, qui a son embouchure à l'est de Bône. *Plateau Central.* — 5 lacs intérieurs reçoivent les cours d'eau qui se rencontrent dans cette région et leur donnent leurs noms; ce sont : le Chott-el-Gharbi, le Chott-el-Ghergui, le Zarhez-Chergui et le Chott-el-Saïda. Les bassins qu'ils forment couvrent de beaux pâturages. *Versant du Sahara.* — On y remarque aussi quelques cours d'eau dont plusieurs disparaissent momentanément dans les sables pour se perdre dans les lacs; le plus important est celui que reçoit le lac Melghigh.

OROGRAPHIE. — La première chaîne de montagnes qui déterminent les bassins sus-désignés, c'est le *Petit Atlas*, massif montagneux présentant néanmoins de riches vallées, des gorges profondes, et où coulent des rivières tortueuses; le *Mouzaïa* en fait partie. On arrive ensuite à de vastes plaines, à l'horizon desquelles on aperçoit une chaîne bleuâtre dominée par des pics décharnés : c'est le *Grand Atlas* qui projette à l'est le *Djebel-Aurès* et le *Djebel-Chellia*, et dont le *Jurjura* est un contre-fort; puis, au delà du plateau, le *Djebel-Almour* qui domine le Sahara.

EXTRAIT
DE
L'ATLAS DÉPARTEMENTAL DE L. VAT.

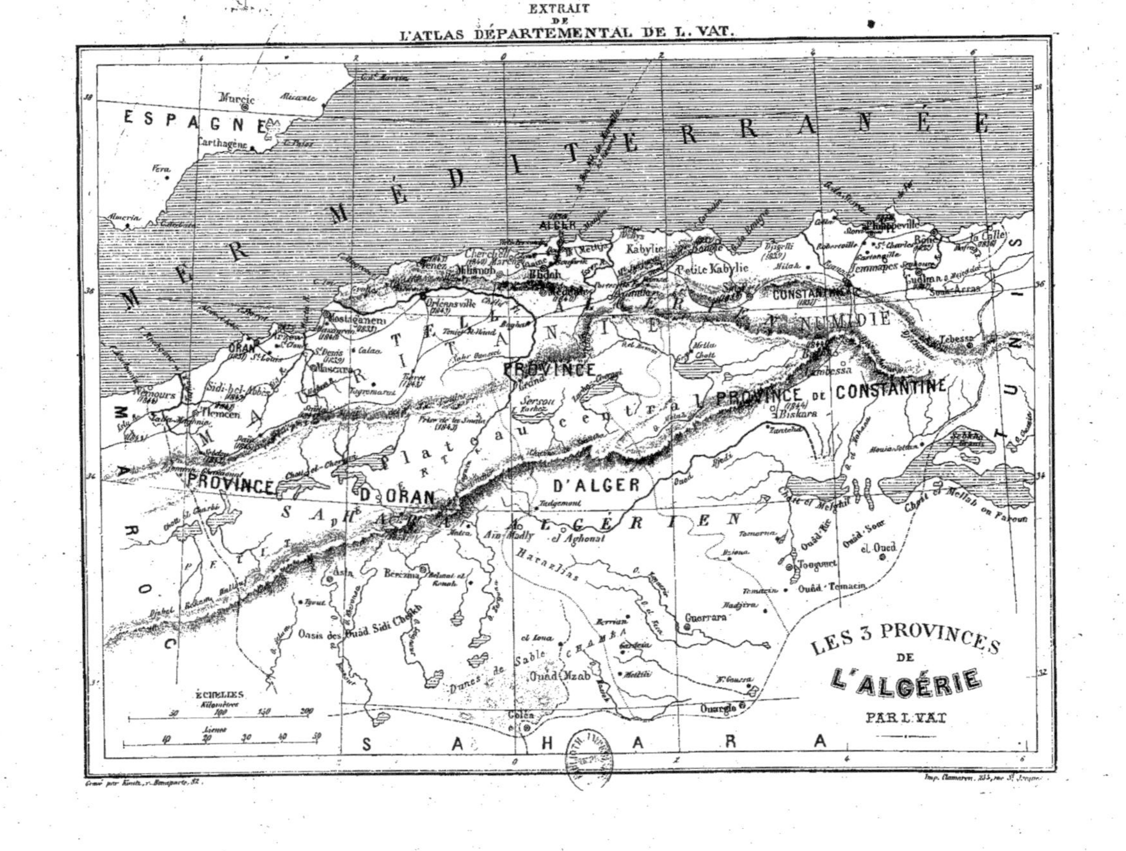

EXTRAIT
DE
L'ATLAS DÉPARTEMENTAL DE L. VAT

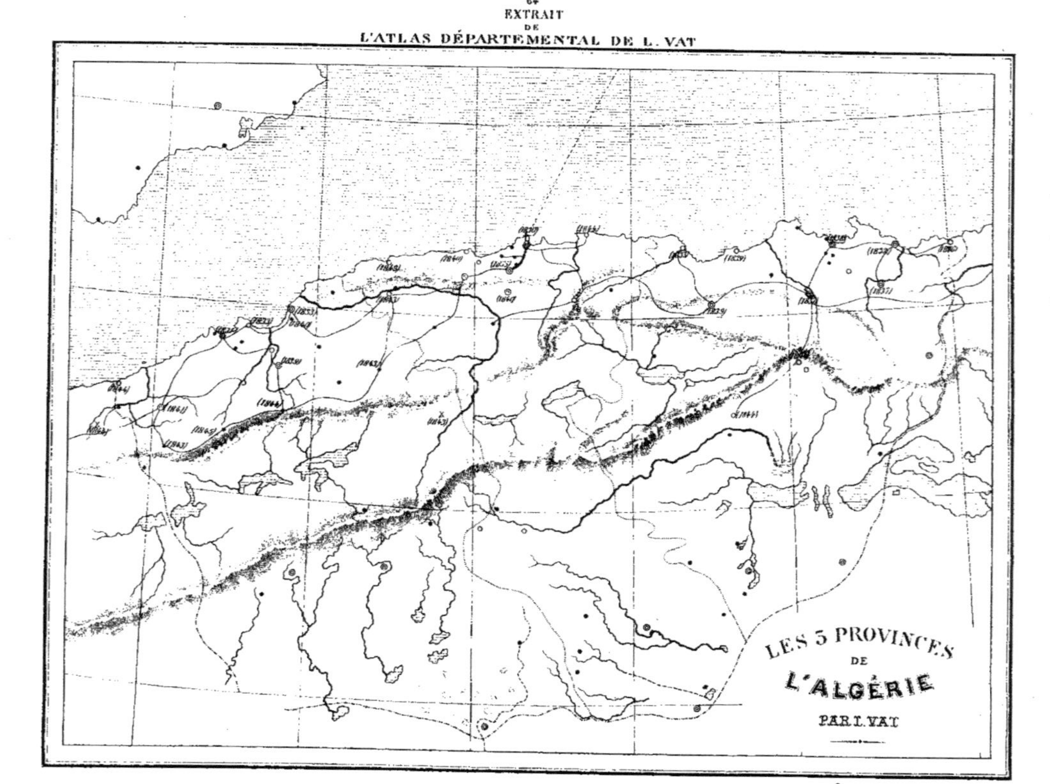